RÉVÉLEZ VOTRE SINGULARITÉ

CRÉDITS PHOTOS

Billy Elliot
© Bridgeman Images

Le discours d'un roi
© The Weinstein Company / Everett Collection / Bridgeman Image

Slumdog Millionnaire
© Celador Films/Film Four

The Truman Show
© Bridgeman Images

La Légende de Bagger Vance
© Everett Collection / Bridgeman Images

Les chariots de feu
© Bridgeman Images

Le maître de musique
© Bridgeman Images

Il était une fois dans l'Ouest
© API/GAMMA

La vie est belle
© Bridgeman images

Le dictateur
Domaine public

CRÉDITS CITATIONS

Citation Michel Bouquet : éditions Archimbaud / Klincksieck

Citation Patrick Thias Balmain : éditions Le souffle d'or

Citation Raymonde Viret : éditions Albin Michel

Citation Claude François : éditions Albin Michel

Extraits La légende de Bagger Vance et Les chariots de feu : 20th Century Fox / 20th Century Studios

Extraits Slumdog Millionaire : Celador films

Extraits Discours d'un roi : Bedlam productions

Enrick B. Éditions, Paris, 2024
www.enrickb-editions.com

Conception couverture : Pierre Anguera (agence Tongui)
Réalisation couverture : Kung Phou (Comandgo)
Photo de l'auteur : Gwladys Louiset
Illustrations, iconographie : Kung Phou (Comandgo)

ISBN : 978-2-38313-282-0

Gonzague Burnod

RÉVÉLEZ VOTRE SINGULARITÉ

9 films inspirants pour oser être soi

Enrick B. ÉDITIONS

À mon fils,
Augustin

AVANT-PROPOS : QUEL EST TON RÊVE ?

Croyez en vos rêves et ils se réaliseront peut-être.
Croyez en vous et ils se réaliseront sûrement.

MARTIN LUTHER KING

Le 28 août 1963, Martin Luther King arrive devant le Lincoln Memorial, au cours de la « Marche sur Washington pour l'emploi et la liberté ».

Après un concert donné le matin même par des artistes, la foule s'est rassemblée pour entendre le discours des différents intervenants. Tous sont au service du mouvement non violent pour les droits civiques des Noirs.

Comme le dira King lui-même : *Nous n'avions aucune haine, mais nous avions une passion – la passion de la liberté*[1].

Son objectif : afficher un soutien populaire au projet de loi sur les droits civiques pour les Noirs, envisagé par l'administration Kennedy.

1. Martin Luther King, *Autobiographie*, textes réunis par Clayborne Carson, Bayard, 2000, p. 272.

Alors qu'il n'y a ni internet ni réseaux sociaux, 250 000 personnes ont convergé vers cette marche pour en appeler à la fin du racisme et pour obtenir l'égalité des droits entre les Blancs et les Afro-Américains.

Au cours de son discours, King s'écarte de ses notes et commence à improviser. La légende raconte que Mahalia Jackson, une chanteuse gospel présente près de lui, lui crie : *Parle-leur de ton rêve, Martin !*

À ce moment-là, il quitte son discours écrit, regarde les visages à sa portée, cherche ce qu'il a de plus profond en lui et improvise le fameux *I have a dream*, qui changera le cours de l'Histoire.

Le résultat est connu : la marche sur Washington a un tel impact sur l'administration Kennedy que, quelque temps plus tard, celle-ci soumet au Congrès son projet de loi sur les droits civiques. La loi vient mettre fin à toute forme de ségrégation.

Pourquoi le célèbre *I have a dream* nous parle-t-il encore aujourd'hui ? Pourquoi est-il devenu une légende ? Ce n'est pas seulement un discours. C'est l'engagement d'un homme – corps et âme – au service d'une noble cause, qu'il a faite sienne. Quel rapport, me direz-vous, avec nos vies personnelles et professionnelles d'une autre époque, et dans des contextes si différents ?

Au-delà de tout enjeu politique, Martin Luther King est en quelque sorte un modèle de leader qui démontre qu'incarner sa singularité peut donner un sens à sa vie et réellement changer le monde. C'est une démarche à laquelle nous aspirons tous en réalité : vivre une vie qui nous ressemble et révéler ce que nous seuls pouvons donner.

Vus avec un regard de coach, lui et les exemples qui suivront dans ce livre illustrent les neuf caractéristiques essentielles à mes yeux pour une vie accomplie et un leadership engagé.

Un leadership intérieur d'abord, qui est la source de notre singularité (Partie I)

- Les leaders inspirants et plus généralement les personnes épanouies découvrent leur Génie propre, l'arête dorsale de tous leurs talents (Essentiel n° 1) ;
- Ils le mettent au service d'une cause qui les dépasse et les stimule à la fois, c'est leur Raison d'être (Essentiel n° 2) ;
- Le moment venu, ils passent à l'action de manière résolue et prennent les bons moyens pour réussir (Essentiel n° 3).

Un leadership caché ensuite, qui renforce notre singularité (Partie II)

- Leur leadership est le fruit d'années de persévérance discrète et d'apprentissage. Ils assurent la cohérence de leur personne avec le message qu'ils portent (Essentiel n° 4) ;
- Ils clarifient en eux ce message avec une telle part de vérité que, le moment venu, il rejoindra naturellement l'auditoire quel qu'il soit (Essentiel n° 5) ;
- Ils sont si ouverts aux opportunités de la vie, que face à chaque évènement, ils puiseront en eux les ressources nécessaires pour avancer (Essentiel n° 6).

Un leadership public enfin, l'incarnation de notre singularité (Partie III)

- Ils acceptent d'entrer de plein pied sur la scène de la vie et de s'exposer vraiment (Essentiel n° 7) ;
- Leur voix se révèle un outil puissant pour toucher le cœur de l'auditoire, fût-il composé d'une seule personne (Essentiel n° 8) ;

- Enfin ils improvisent, c'est-à-dire qu'ils vont au-delà de ce qu'ils avaient prévu de dire, pour emporter finalement l'adhésion du public (Essentiel n° 9).

Tout ce parcours peut être celui de chacun d'entre nous à la condition d'accepter, pour paraphraser Nassim Taleb, de « jouer sa peau »[1].

Tel est le titre du livre de l'ancien trader devenu essayiste et professeur à New York University, dans lequel il souligne une asymétrie fondamentale entre ceux qui prennent des risques, qui jouent leur peau, et ceux qui n'en prennent pas.

De mon côté, je dirais qu'il y a ceux que leur parole engage et ceux qui parlent sans conséquence. Ces derniers jouent avec les mots, mais ils ne les habitent pas. Il n'y a personne ! Leur discours sonne creux, et aucun changement ne peut en découler.

Aujourd'hui, alors que l'incertitude est la règle et les repères bousculés tant dans la vie professionnelle que personnelle, le temps est venu pour nous aussi d'incarner ce que nous portons d'unique pour pouvoir, à notre manière, à notre place, changer le cours des choses. Et ce, particulièrement à tous les moments de leadership à fort enjeu – quand un dirigeant doit annoncer sa vision de manière crédible et inspirante ; quand un directeur commercial cherche à susciter l'engagement de ses équipes ; quand un conférencier souhaite parler avec ses tripes et émouvoir le public.

Mais aussi lors de moments de transition : une prise de poste délicate qui nécessite de s'adapter aux contraintes de l'entreprise tout en osant rester soi-même ; ou encore une reconversion qui, pour être réussie, demande de trouver ce qui nous motive vraiment, nos aspirations authentiques.

---

1. Nassim Nicholas Taleb, *Jouer sa peau. Asymétries cachées dans la vie quotidienne*, Les Belles Lettres, 2022.

Et enfin, dans des domaines plus quotidiens, lorsque nous souhaitons que notre parole soit entendue et suivie par nos amis, nos élèves, nos enfants, etc.

En résumé, tous ces instants où il est indispensable d'être crédible et cohérent pour remporter l'adhésion.

L'objectif de ce livre est à la fois très simple et très ambitieux. Mon parti-pris est clair : si tu incarnes ce que tu portes d'unique, tu peux changer le cours de l'histoire. La petite histoire du quotidien comme la grande, en entreprise et ailleurs.

Il part aussi du constat que dénoncer ce qui ne va plus ne suffit pas. Proposer des solutions « y a ka » aux situations complexes que nous traversons ne résout rien. Il faut incarner la solution que nous souhaitons voir mise en œuvre. Devenir enfin soi-même, aligné, trouver en soi les repères qui n'existent plus à l'extérieur, et inspirer les autres pour qu'ils en fassent de même.

Je vais partager avec vous neuf clefs essentielles. Neuf, *Oui.* Neuf réponses que nous avons à mettre en place dans notre vie pour révéler notre voie/voix singulière. C'est le fruit de mon expérience de coach en entreprise, depuis des années, et de mon parcours personnel. Ce ne sont pas des recettes toutes faites, mais des inspirations concrètes, des intuitions vérifiées par l'expérience, des encouragements pratiques pour passer à l'action dès maintenant.

S'il y a neuf essentiels, il y a avant tout un indispensable préalable : c'est cette volonté de se mettre en mouvement et de tracer un chemin. Cette décision de faire un détour par soi pour vivre une vie plus cohérente et épanouissante, qui passe nécessairement par un *Non* fondateur. Nous le verrons en introduction.

Pour nous guider sur ce parcours, j'ai voulu prendre des modèles cinématographiques afin que chacun puisse s'identifier à eux. Nous ferons donc des va-et-vient entre ces neuf films et leur application concrète, au moyen d'outils de coaching pour déployer et incarner davantage notre singularité.

Ça tourne !

A vous de jouer.

INTRODUCTION :
LA PRISE DE CONSCIENCE DÉCISIVE

Penser, c'est dire non.

ALAIN

THE TRUMAN SHOW

Truman (Jim Carrey), littéralement « l'homme vrai », vit dans la petite ville de Seahaven. Il est employé de banque, sa femme est infirmière. La ville est toujours propre – elle semble même parfaite, idéale. Les relations humaines sont à cette image : les gens sont toujours souriants et avenants. À tel point que tout y semble réglé, stéréotypé, aseptisé.

Jusque dans le langage, puisque la femme de Truman, sa mère et ses amis utilisent des mots qui résonnent comme des slogans.

C'est un monde mécanique, telle une horlogerie parfaitement huilée, sans aspérités prévisibles. Il y manque la vie.

En réalité, Truman s'ennuie. Il rêve de quitter cette existence préfabriquée et monotone, notamment pour retrouver une certaine Sylvia, un amour de jeunesse. Mais tout le monde l'en dissuade, toutes ces voix extérieures à lui. Pourtant, sa petite voix intérieure, elle, ne s'éteint pas.

Au début du film, un évènement nous met la puce à l'oreille : alors que la météo est magnifique, un projecteur tombe du ciel, à quelques mètres de Truman. Un doute s'insinue, puis s'installe en notre héros. Il commence à s'interroger sur ce qui l'entoure. Son désir de partir est fort, mais tout semble le retenir et l'en dissuader. Jusqu'à cette peur de l'eau, qui lui rappelle le jour où, enfant, il a vu son père tomber d'une barque et se noyer. Cette peur, il la redoute en même temps qu'il souhaite la traverser.

En fait, Seahaven n'est pas une ville comme les autres : c'est un décor pour une émission de téléréalité. Truman est filmé en non-stop, à son insu, depuis sa naissance.

Ses parents, sa femme et ses amis ne sont que des figurants qui obéissent à Christof, le réalisateur mégalo de l'émission. Perché en régie, au plafond de cet immense studio, il dicte, manipule, crée des évènements pour retenir son jouet : Truman.

Les habitants de Seahaven sont complices et acteurs à la fois. Parfois, la promotion de tel ou tel produit sert les intérêts publicitaires de l'émission, regardée par toute la ville. Souvent, les proches de Truman jouent sur la corde sensible pour l'empêcher d'ouvrir les yeux. Par exemple, son meilleur ami lui déclare, pour renforcer sa confiance : *Si j'avais eu un frère, j'aurais voulu qu'il soit comme toi.* Et l'on aperçoit Christof, en coulisse, qui souffle ces mots, dans l'oreillette de l'ami en question, acteur docile de cette gigantesque arnaque télévisée.

Découvrant peu à peu que toute son existence repose sur un mensonge, Truman va finir par déjouer la surveillance des caméras et tenter de s'échapper par la mer. Christof utilisera pour le stopper toutes les armes de son studio, jusqu'à la manipulation psychologique, en lui parlant à distance et en essayant de le retenir par les sentiments.

La fin est magistrale, puisque Truman fait face enfin à la vérité, qu'il choisira librement en sortant du décor.

EXTRAIT DU FILM

À un moment donné, dans tout ce système de contrôle, de caméras, de surveillance généralisée, de téléréalité gigantesque, surgit un bug inattendu et décisif.

Alors que Truman est en voiture et écoute la radio, un parasitage survient. On entend soudainement des personnes, issues de la régie de Christof, qui commentent ce que va faire Truman : *Attention, il va tourner et prendre telle rue…* Et Truman s'aperçoit que c'est de lui que l'on parle. Quelques secondes plus tard, la station radio reprend la main et s'excuse du bug en prétextant une intervention policière codée.

Commence alors pour Truman un moment déterminant où il devient silencieux, intérieur, où il scrute son environnement et sent en lui le voile se déchirer. La musique accompagne ce doute, cette angoisse, et ce constat qui se dessine peu à peu : ce monde qui l'entoure n'est pas humain. Il voit désormais les trucages, les effets spéciaux. Les passants ne sont que des figurants. La réalité se rend visible, brutalement.

Il traverse la rue, un bus freine. Truman est au milieu de la route, le bras levé face au bus pour signifier : STOP ! Ça suffit !

Sa décision est prise. Elle sera irrévocable. Le chemin vers sa libération et la découverte de sa singularité a commencé.

LA LEÇON DE TRUMAN

Ce premier extrait de film ne fait pas partie des neuf essentiels pour incarner sa voie. Il est un préalable, un indispensable. La condition pour faire le chemin.

C'est le *Non !* fondateur pour se mettre en route.

Truman ne dit pas d'abord *Non !* avec des mots, ce n'est pas cérébral. Il incarne son *Non !* avec un geste : le corps parle ! Il arrête le bus d'un seul geste : *Stop !*

Ce *Non !* est fondateur, car Truman ne pourra plus faire semblant de ne pas avoir vu l'envers du décor.

Il ne s'oppose pas seulement par rébellion : il s'oppose pour se trouver !

Ce *Non*, je le retrouve souvent lors du premier entretien de coaching. Il émerge avec la question toute simple : *Qu'est-ce qui t'amène ?* Et il peut prendre différentes formes.

C'est, par exemple, le cas de Matthieu[1]. Il gagne très bien sa vie au sein d'une banque, mais cela ne lui suffit plus. Des difficultés de santé, puis un burn-out vont déclencher sa décision : *C'est terminé ! Je veux faire autre chose.* Mais quoi ?

C'est aussi l'exemple de Coralie. Pour atteindre son but, c'est-à-dire intégrer le comité de direction, elle sait qu'elle doit développer son leadership, être plus affirmée. A quoi dit-elle non aujourd'hui ? *Je ne veux plus rester à un poste où je subis les décisions au lieu de les prendre.* C'est son point de départ.

Revenons au film. Truman prend conscience de cette vie normée et stéréotypée qui n'est pas la sienne. Elle lui est imposée de

1. Pour des raisons de confidentialité, les prénoms ont été modifiés.

l'extérieur. Si le film présente une situation extrême, puisque c'est une fable autour d'une vision totalitaire, il dit quelque chose de nous dans ce qui constitue l'amorce du chemin : *Non, ça va trop loin. Non, je suis en train de m'éteindre. Non, je ne veux plus aller dans cette direction. Non, je ne veux plus dire de choses creuses ou vendre n'importe quoi, etc.*

Et derrière ce *Non*, il y a un désir. Désir de vivre vraiment ma vie. D'être davantage moi-même. Un désir de franchir un cap dans mon leadership en m'affirmant, en prenant ma place. Un désir de trouver un poste, au sein de mon entreprise ou ailleurs, qui me corresponde mieux et dans lequel je pourrai rayonner. Un désir d'être plus unifié, plus convaincant dans mes prises de parole.

Et le début indispensable, c'est ce *Non*. À quoi je dis *Non* ?

Chez Truman, j'aime le paradoxe de sa vie. Il est en vie. Il est en sécurité comme nulle part ailleurs, ce que lui rappellera le réalisateur Christof. Il est en vie certes, mais pas vivant.

Cette prise de conscience se fait en deux temps.

D'abord, la vérité se révèle à lui au fur et à mesure. Des doutes affleurent puis s'emparent de lui. Un espace intérieur se creuse. Sa conscience s'éveille peu à peu, jusqu'à ce que les choses soient claires. Il acquiert la vision globale des évènements, la *big picture*, comme disent les Anglo-Saxons.

Ensuite il décide. Il s'engage par son *Non*. Il s'engage sur un chemin dont il ne connaît pas l'issue, mais dont il pressent avec certitude qu'il est un chemin de vie.

Et c'est fondamental !

On ne connaît pas l'issue, quand on cherche sa voie pour être plus soi-même. On ne connaît pas l'issue, quand on souhaite se reconvertir. On ne connaît pas l'issue quand on prend la parole jusqu'à improviser et toucher le cœur du public. On ne sait pas jusqu'où cela va nous mener.

Mais il y a cette certitude que, si l'on ne fait rien, si l'on ne dit pas *Stop !* on aura une vie morne et sans saveur.

C'est aussi un *Non* pour s'affirmer face à la fatalité.

Dans l'histoire, on retiendra que tous les grands leaders ont commencé par dire *Non !*

Non à la résignation devant une situation qui paraissait perdue. Non au mensonge. Non à la fatalité. Et en entreprise, c'est crucial. Les occasions de baisser les bras sont multiples : face à un marché que l'on perd, à un métier qui se réinvente, à des clients versatiles. Dire *Non*, donc, à une fatalité inexorable, en créant de nouveaux chemins de croissance, en se réinventant, en faisant passer son leadership à un niveau supérieur.

Parfois, les personnes sont amenées à dire *Stop* après avoir vécu une situation difficile, qu'elle soit professionnelle (un licenciement, un burn-out, du harcèlement,) ou personnelle (un divorce ou une perte de sens plus globale).

Je pense aussi à ces personnes qui souhaitent unifier davantage leur vie, lassées d'avoir au travail un visage qui s'apparente à un masque, et dans leur vie privée d'autres facettes plus authentiques. Elles ont soif de pouvoir réconcilier ces deux mondes avec leur être profond.

Et la bonne nouvelle, c'est qu'être pleinement dans sa singularité accroît justement l'efficience au travail. C'est ce qu'ont compris nombre d'entreprises, aujourd'hui, en favorisant, pour leurs salariés, la connaissance d'eux-mêmes dans leur unicité.

Clarifier la nature de ce *Non* est déterminant pour lui donner de la force et en faire un tremplin pour l'avenir. Clarifier le port que l'on quitte est essentiel, car plus l'intention sera claire et nette, plus les chances de réussir sa nouvelle fonction ou sa nouvelle vie seront fortes.

Cette prise de conscience est, au fond, très rassurante. Elle nous rappelle que nous ne sommes ni totalement libres ni totalement aliénés. Il y a toujours un espace en nous. Un espace de liberté, quelles que soient les contraintes extérieures.

Je suis en route vers mon unicité, ma singularité, ma place, la réalisation de mes aspirations, vers une vie plus pleine et entière.

Finalement, le *Non !* est un indispensable pour trouver son Nom.

COACHING

On touche ici à un choix fondamental au niveau identitaire : me séparer pour me trouver. Si l'univers de Truman est angoissant, c'est précisément à cause de la fusion totale des personnages avec l'environnement : il n'y a pas une voix discordante dans ce paysage où tout est lisse, où personne n'existe vraiment.

Or en entreprise, c'est d'autant plus difficile que, pour réussir, on a besoin d'être inclus dans le groupe. Et pour autant, si l'on veut apporter quelque chose qui nous différencie des autres, il faut oser se distinguer de ce même groupe.

Le psychologue américain Will Schutz[1] a identifié trois dimensions interpersonnelles fondamentales qui régissent les rapports humains. Selon lui, nous avons tous des besoins spécifiques d'inclusion, de contrôle et d'ouverture (d'affection). Et la satisfaction de ces besoins dont l'intensité varie d'une personne à l'autre permettrait d'obtenir une meilleure performance, tant individuelle qu'en équipe.

1. Will Schutz, *L'élément humain. Comprendre le lien entre estime de soi, confiance et performance*, InterÉditions, 2006.

Regardons l'inclusion de plus près. Dans notre relation au groupe, a-t-on plutôt tendance à vouloir être dedans ou dehors ? Les personnes qui ressentent fortement la nécessité d'être incluse dans le groupe (être dedans) ont comme priorité d'afficher leur esprit d'équipe. Leur crainte d'en être exclues peut les amener à faire taire en elles toute opinion discordante.

Conclusion : si l'entreprise ne favorise pas, dans sa culture et dans ses pratiques, la possibilité sans risques de sortir du lot et de la norme, elle se privera d'une somme considérable d'idées innovantes et de solutions potentielles.

Dans le contexte actuel, les entreprises ont un besoin constant de se réinventer et d'ouvrir de nouveaux chemins de croissance. Comment peuvent-elles favoriser un climat de travail créatif où, pour avancer, on se dit les choses quitte à déplaire, sans risquer de compromettre l'unité du groupe et la carrière de chacun ? Comment cultiver la singularité de chaque membre tout en gardant un esprit d'équipe ?

Sur l'importance de la singularité, le témoignage de l'infirmière australienne Bronnie Ware est particulièrement éclairant. Ayant été aux côtés de nombreuses personnes en fin de vie, elle a remarqué que la plupart d'entre elles semblaient avoir toujours les mêmes regrets. Le premier d'entre eux : *Je regrette de ne pas avoir eu le courage de mener une vie en restant fidèle à moi-même, plutôt que la vie que les autres attendaient de moi*[1].

En simplifiant à l'extrême, nous pourrions dire que nos vies sont la somme de quelques *Non* et de quelques *Oui*. Ces personnes n'ont pas osé, n'ont pas pu ou su dire *Non* à certains moments.

1. Bronnie Ware, *Les 5 regrets des personnes en fin de vie*, Guy Trédaniel éditeur, 2013, p. 69.

Aucun jugement de ma part. Comment le pourrais-je ? Ce chemin est aussi le mien. Parfois, la peur de quitter une situation confortable, ou tout simplement connue, explique l'inertie.

Néanmoins, j'aimerais à travers ce livre ouvrir des pistes. Je n'ai pas de solutions toutes faites, clefs en main. Je n'ai pas de recettes miracles, chacun étant unique. Mais en m'appuyant sur mon expérience de coach et sur l'inspiration suscitée par quelques films de légende, j'espère vous donner envie de commencer à vous mettre en chemin, ou de persévérer sur votre route.

EXERCICE

Afin de réfléchir sur le *Non* fondateur, je vous propose de regarder cette carte composée des huit domaines principaux de votre vie.

- Sphère personnelle
  - Santé : inclut la dimension corporelle (sport, alimentation, etc.), psychologique et spirituelle
  - Talents : qu'est-ce que je développe comme talents ? Qu'est-ce qui me ressource ?
- Sphère familiale
  - Conjoint : ma vie amoureuse
  - Famille élargie : enfants éventuels, famille plus large
- Sphère sociale
  - Loisirs : quelles activités je pratique, qu'est-ce que je fais durant mes vacances ?
  - Amis : quels sont mes amis, leur profil ?

- Sphère professionnelle
  - Argent : quel est mon niveau de rémunération, de patrimoine... ?
  - Métier : quel est mon métier, quelle est ma Raison d'être, où est mon intérêt ?

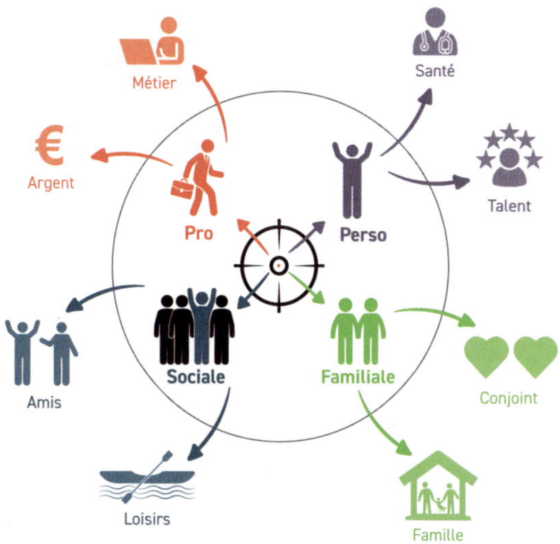

1re question

En regardant chacun de ces huit domaines, vous est-il déjà arrivé dans votre vie, d'avoir à poser un *Non* fondateur ?

Par exemple : j'arrête de fumer (sphère santé) ; je quitte telle fonction ou tel métier (sphère métier) ; non à une relation toxique (dans plusieurs sphères possibles).

....

....

....

2e question

Concrètement, en quoi votre *Non* vous a-t-il rapproché de vous-même ? Citez trois bénéfices.

....

....

....

....

3e question

En ce moment, y a-t-il un *Non* que j'aimerais poser ? Dans quel domaine ?

Derrière ce *Non* se cache un désir fort qui demande à émerger. Lequel ?

Et, en même temps, j'ai peur. C'est bon signe, ça va souvent ensemble. Nommez cette peur associée.

Si je devais faire un petit pas vers mon objectif, quel serait-il ?

Exemple dans la sphère santé :

- J'aimerais arrêter de fumer.
- Parce que j'ai le désir de prendre soin de moi et de retrouver du soufle.
- Mais j'ai peur de grossir.
- Mon petit pas pourrait être d'aller en parler à un professionnel, juste pour glaner des informations, pour le moment.

Mon exemple dans la sphère : ....

- J'aimerais dire stop à ....
- Parce que j'ai le désir de ....
- Mais j'ai peur de ....
- Mon petit pas vers l'objectif ....

....

....

....

Mon exemple dans la sphère : ....

- J'aimerais dire stop à ....
- Parce que j'ai le désir de ....
- Mais j'ai peur de ....
- Mon petit pas vers l'objectif ....

....

....

....

Mon exemple dans la sphère : ....

- J'aimerais dire stop à ....
- Parce que j'ai le désir de ....
- Mais j'ai peur de ....
- Mon petit pas vers l'objectif ....

....

....

Partie I

LA SOURCE DE VOTRE SINGULARITÉ : LE LEADERSHIP INTÉRIEUR

Donnez-moi un point fixe et un levier,
et je soulèverai la terre.

ARCHIMÈDE

PRÉLUDE

Cette première partie vise à vous doter d'un véritable GPS intérieur, qui sera la source de votre singularité.

En effet, avant de prendre votre place dans le monde et d'interagir avec les autres, vous devez être au clair avec vous-même, connaître votre unicité et savoir d'où vous parlez.

Qui suis-je lorsque je donne le meilleur de moi-même ?

À quoi j'aspire vraiment ?

Et comment y arriver ?

Ainsi, quelles que soient les circonstances, vous disposerez d'une grande stabilité intérieure dans vos choix et vos prises de parole.

Essentiel n°3
Déployer
ses Ambitions,
passer à l’action

Essentiel n°2
Révéler sa Raison
d’être, ses aspirations
profondes

Essentiel n°1
Découvrir
son Génie propre,
source de résilience

Essentiel n°1

DÉCOUVRIR SON GÉNIE PROPRE, SOURCE DE RÉSILIENCE

Tout le monde est un génie.
Mais si vous jugez un poisson sur ses capacités
à grimper à un arbre, il passera sa vie
à croire qu'il est stupide.

EINSTEIN

LA LÉGENDE DE BAGGER VANCE

Nous ne prenons généralement conscience des belles choses que lorsqu'elles disparaissent. C'est vrai de la santé ou des moments heureux, quels qu'ils soient.

Ici, le film nous parle de quelqu'un qui vit à côté de lui-même, qui a perdu son moi authentique, son élan de vie, et qui se fait coacher pour le retrouver et se réaligner. Pour le coach que je suis, ce film est un vrai régal.

Hardy nous raconte son histoire.

Il se souvient de ses dix ans, entre les deux guerres, et de la petite ville de Géorgie nommée Savannah, où il vivait.

Junuh, (dit Juna) incarné par Matt Damon, y est un véritable héros du golf. Le jeune Hardy rêve d'être comme lui. Juna est son modèle.

Marié à Adele, fille de l'homme le plus riche de Savannah, le champion qui incarne la réussite sociale, professionnelle et personnelle doit pourtant un jour partir à la guerre.

À son retour, ayant vécu les horreurs du combat, brisé, incapable de retrouver une vie sociale normale et d'affronter l'accueil habituellement réservé aux héros, il disparaît et veut être oublié.

De son côté, sa femme Adele continue, quant à elle, dans un contexte difficile. Mais, rattrapée par la crise de 1929 et le suicide de son père, elle ne peut empêcher la faillite du golf qu'elle dirige.

Plutôt que de le vendre, elle décide de se donner un défi : en faire le plus beau golf de toute la région. Elle réussit pour cela à convaincre deux têtes d'affiche, deux golfeurs professionnels, qui acceptent de venir participer à un tournoi sur ce fameux green.

Pour pimenter la compétition, on cherche un autre participant. Toute la ville se met en quête du troisième joueur d'exception. Le jeune Hardy propose alors d'aller convaincre son idole, le capitaine Juna.

Il finit par le retrouver, à moitié ivre, en train de jouer aux cartes. Le garçon déploie alors tous les arguments pour persuader l'ancien golfeur, mais la sentence tombe : *Je ne pourrai plus jamais jouer, j'ai perdu mon swing*, lui répond Juna.

À partir de là, et malgré ce refus, commence pour Juna une longue quête pour retrouver ce swing et son identité intérieure.

Alors qu'un soir, il tente de frapper quelques balles de golf, tout seul dans la nuit, arrive de façon inopinée un personnage mystérieux nommé Bagger Vance, joué par Will Smith.

Cet homme, venu de nulle part, est une sorte de coach. Un coach à la fois confrontant et inspirant. Il le provoque avec des maximes du type : *Un homme prend son club en main comme il prend son destin.* Il le met au défi : *Je veux une garantie de 5 dollars pour être votre caddie, est-ce que vous acceptez ?* La somme ridicule pique au vif l'ancien champion. Juna accepte de participer au tournoi, aidé de son caddie Bagger Vance.

Confronté à lui-même et aux vieux démons qu'il fuit depuis des années, Juna reprend confiance en lui au cours du championnat. Il tombe, se relève, avance au rythme de ses montagnes russes émotionnelles et de ses coups inégaux.

Aidé par la juste posture et les conseils de son coach, il retrouve finalement son swing authentique. Il se retrouve lui-même, enfin.

Dans un moment difficile du tournoi, alors que Juna semble bloqué dans un coup impossible à jouer, Bagger Vance le recadre : *Je suis là pour vous parler d'un autre jeu. D'un jeu où personne ne peut gagner, auquel on est invité à participer.*

Bagger Vance lui parle, bien évidemment, de la vie. De sa vie.

Au terme de ce défi qu'il a accepté de relever, l'ancien champion, traumatisé par la guerre et démissionnaire de sa vie, retrouve finalement son swing, sa femme, sa passion : il a tout gagné.

EXTRAIT DU FILM

Juna a commencé le tournoi et les résultats sont pitoyables. Il ne compte que sur lui-même, n'écoute personne. Il tente de passer en force, mais la force, au golf, ce n'est pas ce qui marche.

Il doit encore frapper la balle. Et c'est à ce moment-là que Bagger Vance tente de l'initier à une autre façon de faire.

BAGGER : *C'est le moment.*

JUNA : *Le moment de quoi ?*

B : *Le moment de voir le chemin.*

J. : *Le chemin ? Je le vois, le chemin, mais le trou fait quatre cents mètres. Il y a un petit drapeau rouge qui flotte dessus et j'ai douze coups de retard. Donnez-moi ce club !*

B. : *C'est pas ça. Si vous pouviez voir ce chemin, vous n'en seriez pas à hacher vos balles comme on bêche les mauvaises herbes devant sa porte.*

J. : *Ça va, donnez-moi ce club.*

B. : *Désolé de l'interruption. Tenez, prenez ça et hachez le terrain.*

[Après quelques instants, Juna revient vers Bagger.]

J. : *D'accord. C'est quoi, ce chemin ?*

B. : *Fixez vos yeux sur Bobby Jones [son concurrent].*

Juna et son coach ne parlent pas la même langue. Ils ne sont pas sur la même longueur d'onde. Bagger utilise un langage symbolique et Juna reste terre à terre. Mais le coach a réussi à susciter le désir de Juna, et c'est là l'essentiel. C'est lui qui revient maintenant vers son coach et accepte d'être initié.

Bagger lui propose alors d'observer les gestes de son concurrent devant lui, qui s'apprête à frapper son coup.

Tout en l'observant, il lui dit :

> *Regardez son coup d'essai.*
> *Comme s'il était en quête de quelque chose.*
> *Et il trouve.*
> *Il fait en sorte de se placer exactement au milieu, à l'intérieur, en plein cœur.*
> *Et il a beaucoup d'effets à sa disposition : le fade, le hook, le slice. Mais il n'y a qu'un seul coup qui soit en parfaite harmonie avec le chemin. Un seul coup. Et c'est le swing authentique !*
> *Bobby va être choisi par lui.*
> *Le swing parfait est là, il se tient prêt à s'inviter en chacun de nous.*
> *Tout ce qu'on a à faire, c'est d'éviter de se placer en travers de sa route.*
> *C'est lui qui nous choisit.*
> *Regardez-le, il est le chemin.*

Bobby Jones frappe sa balle.

Le coach reprend :

> *Vous voyez ce drapeau ? C'est un dragon que vous devez tuer. Si vous regardez les choses sereinement, vous verrez l'endroit où les marées, les saisons et la course de la terre se retrouvent. Tout ce qui peut exister ne forme plus qu'un.*
> *Cherchez cet endroit maintenant, avec votre âme, Juna. Cherchez-le avec vos mains, ne réfléchissez pas. Sentez-le. Vos mains sont plus sages que votre tête ne le sera jamais. Mais je ne peux pas vous y emmener, moi. Je peux vous aider à trouver le chemin.*

Le visage de Juna a changé. Il cherchait ses réponses à l'extérieur, il est désormais centré, focus, rassemblé.

Il se place. Regarde au loin. Frappe la balle. Et réussit.

Il est le chemin.

LA LEÇON DE BAGGER VANCE

Juna avait renoncé à son talent, à son swing intérieur, à son Génie propre.

Il faut dire que la guerre l'avait sans doute fait disjoncter, au sens propre comme au sens figuré.

Parfois, nos guerres sont bien plus quotidiennes et nous rencontrons nous aussi des moments d'épuisement ou de lassitude. Le champ de bataille peut être l'entreprise, la famille, la vie sociale. Les tensions y sont trop fortes, les conflits nous minent, la pression autour de la performance est permanente, on ne se sent plus vraiment en phase avec ce qui nous est demandé et cela nous pèse. Alors, on renonce à s'exposer, et la tentation est grande d'enterrer aussi son talent.

Mais, sur ce chemin, nous ne sommes pas seuls. Nous avons des alliés, parfois dérangeants, mais qui œuvrent pour la bonne cause, celle de nous maintenir en vie. Dans le film, le jeune Hardy va réveiller son idole de sa torpeur. Sa femme jouera aussi un rôle important en lui renouvelant sa confiance. Et puis il y a cette voix, incarnée par le coach, qui sommeille aussi en chacun de nous. Cette petite voix qui nous questionne et nous invite à reprendre la route. Notre route.

Là où nous en sommes aujourd'hui, où sont nos alliés ? Que nous disent-ils ? Sommes-nous sur le bon chemin ?

Repartir de soi, de son centre, pour mieux se donner ensuite.

Mais voilà, pour cela, il faut opérer un passage. Un passage du dehors au dedans. Et ce passage, on ne peut pas le faire seul.

Juna cherche des réponses à l'extérieur de lui-même, et il tourne en rond.

Tant que nous restons au dehors de nous-mêmes, dans le mental, on calcule, on rivalise, on a une logique mathématique, un peu comme lorsque Juna répond sur le terrain de golf qu'il voit le drapeau sur le trou à quatre cents mètres et qu'il faut qu'il mette la balle dedans.

Ce n'est pas ça, le problème. Le trou est là, mais toi, tu n'es pas là, tu n'es pas présent à toi-même, et, quoi que tu fasses dans ces conditions, tu vas échouer.

Il faut toute l'ingéniosité de son coach pour l'aider peu à peu à voir les choses autrement. À voir le terrain de golf avec les yeux du cœur. À voir sa vie d'une autre hauteur, avec une autre perspective.

Regardons la première chose qui se passe dans cet extrait. Bagger Vance attend le moment favorable. C'est vrai que Juna a une douzaine de coups de retard. Mais, jusque-là, il n'écoutait personne.

Et maintenant ? Est-ce le moment ?

Oh, ça ne se fait pas tout de suite ! Il discute, résiste, mais finalement le coach réussit à susciter le désir. Comment ? Après lui avoir dit ce qu'il pensait (*Vous allez hacher le terrain.*), il renonce à le convaincre et le laisse face à son choix, à sa conscience : *Tenez, prenez ça et hachez le terrain.*

La première bascule a lieu à cet instant, dans ce retour sur soi.

Juna revient vers son coach, et désormais c'est lui qui est en demande, qui attend le précieux conseil.

Le désir est fondamental. C'est le moteur essentiel du changement et du Génie propre. Tant que l'on questionne, tant que l'on discute – « oui, mais... » –, ça n'est pas encore le moment de changer véritablement.

Ensuite, toute l'habileté du coach est de faire appel à un tiers. Maintenant que Juna est prêt à écouter son enseignement, autant lui choisir le meilleur des modèles.

Son coach va lui demander d'observer son concurrent. Observer sans juger. De regarder simplement la manière avec laquelle il se prépare devant lui.

Utilisant un langage métaphorique, celui qui convient justement lorsque l'on s'adresse au cœur, il lui livre son message principal : le swing authentique, c'est lui qui nous choisit ; il est toujours déjà là, en nous.

Ce que tu es vraiment n'a pas disparu, il faut juste le révéler à nouveau. Il faut permettre à ce que tu es vraiment de se déployer. Lâche ta quête extérieure, lâche ton mental, lâche ton questionnement qui tourne à vide.

Laisse ton corps t'enseigner le coup parfait.

Cherchez cet endroit avec vos mains, Juna.

COACHING

La perte de son swing authentique pourrait correspondre à ce que la psychologue Alice Miller nomme le Self dans son livre *Le drame de l'enfant doué*[1]. Elle raconte, en effet, l'histoire des enfants qui ne vivent que pour combler les besoins de leurs parents, allant jusqu'à l'oubli de leurs propres besoins, l'oubli d'eux-mêmes. Plus tard, le risque est élevé pour eux de vivre des dépressions et des maladies corporelles tant qu'ils n'ont pas nommé cette réalité pour retrouver leur Self, leur être propre, leur vie même.

Ainsi, le swing – ou le Génie propre – n'est pas un talent comme les autres. C'est l'arête dorsale sur laquelle se greffent tous nos dons.

1. Alice Miller, *Le drame de l'enfant doué. À la recherche du vrai soi*, Presses universitaires de France, 1983.

Révéler son Génie, c'est retrouver, à la racine, l'estime et la confiance en soi. Aller chercher ce que nous avons de singulier à offrir au monde. Une façon d'être qui s'incarne dans des actions qui nous ressemblent.

C'est pourquoi, dans le film, le coach concentre tous ses efforts d'abord sur ce point. Il ne prodigue pas à Juna de conseils techniques sur le golf ou sur la manière de tenir son club. Il va à l'essentiel. Et l'essentiel est de retrouver cette vie cachée – telle une perle dans une huître –, son énergie vitale, et le reste suivra.

Ensuite, il l'encouragera à persévérer, à se relever, à y croire à nouveau, mais toujours à partir et en vue de son Génie propre.

Dans les accompagnements de personnes en quête de sens, par exemple lors de coachings de transition professionnelle, l'étape de la reconnaissance de son Génie propre est toujours un moment fort qui demande souvent du temps pour être apprivoisé. C'est un peu le point de départ de notre GPS intérieur. Avant d'envisager des pistes pour la suite, commençons par modéliser ce que tu es et ce que tu as de génial. Ensuite, tes autres talents et compétences s'harmoniseront autour de cela, naturellement.

Le drame est que l'on en prend conscience souvent bien tard.

Lors des enterrements, par exemple, il n'est pas rare d'entendre : *Untel avait un talent extraordinaire pour telle ou telle chose.* Et ceci de la part de proches qui lui rendent hommage. Sans le savoir, ces personnes nomment le Génie propre du défunt. Or lui-même ne l'avait peut-être pas découvert de son vivant. Quel dommage ! S'il avait eu conscience de ce talent unique auparavant, il aurait sans doute pu le déployer plus largement.

Une façon complémentaire d'aborder ce premier essentiel est de faire un pas de côté avec le coach américain Timothy Gallwey[1].

1. Timothy Gallwey, *Golf. Le jeu intérieur*, traduit et adapté par A.-J. Lafaurie, Robert Laffont, 1984.

Gallwey est un coach sportif qui s'initie à la méditation dans les années 1970. Il découvre qu'avant de gagner un match, sur le *jeu extérieur*, donc, il faut d'abord gagner la partie en soi, ce qu'il appelle le *jeu intérieur*.

Or, ce n'est pas si simple.

Si vous jouez au tennis, par exemple, et que votre service se termine dans le filet, presque instantanément une voix intérieure commencera à vous juger : *Mais bon sang, c'est la troisième fois ! Tu es vraiment nul !* Quelques instants plus tard, alors que vous jouez, cette voix revient et vous conseille : *Plie les genoux, accélère, mais tape plus au milieu...*

Quelle est cette voix ? D'où vient-elle ? Faut-il lui obéir, lui répondre, la rabrouer ?

La voix dont nous parlons est celle qui donne des ordres et fait des reproches, celle qui n'en a jamais assez et qui juge. Cette voix (baptisée *Moi 1*) crée des interférences dans notre mental qui empêchent tout simplement une autre partie de nous, notre potentiel (nommé *Moi 2*) de frapper la balle, de prendre du plaisir et d'en être satisfait.

Gallwey pose une équation simple qui se résume à une soustraction :

Performance	**=**	**Potentiel**	**–**	**Interférences**
		(Moi 2)		(Moi 1)

N'allons pas chercher un traité anthropologique poussé derrière ces deux parties de nous-mêmes. Nous reconnaissons aisément, grâce à l'expérience, le mental qui nous juge, nous commande et nous perturbe d'un côté, et de l'autre notre corps, aidé de notre intuition et de notre être profond.

Ton corps sait. On en revient au conseil de Bagger Vance.

Je retrouve ce constat lorsque j'accompagne des clients dans des prises de parole à fort enjeu. Bien sûr, il faut acquérir une technique : nous en reparlerons. Mais souvent, le parasitage vient d'un manque de clarté intérieure. Je ne suis pas au clair avec le lieu intérieur d'où je parle : le mental ou le cœur, siège de l'intuition ? Et, ne sachant pas cela, je ne peux entraîner ni convaincre qui que ce soit d'aller où je veux.

Le passage du dehors au dedans, dont nous avons parlé, est déterminant lors de prises de parole en public. Vais-je chercher à faire de l'esbroufe, à trouver le bon mot, à jouer avec mon éloquence ? Ou vais-je parler depuis un lieu plus profond, qui résonnera comme tel dans le cœur du public ?

Alors, comment accéder à cette performance ? Comment limiter le parasitage de ce mental envahissant qui ne cesse jamais ? Comment retrouver l'esprit de l'enfant qui, tapant dans son ballon, est totalement engagé et absorbé dans son geste, à tel point qu'à cet instant précis, plus rien d'autre ne compte ?

Acquérir la *concentration décontractée*, voilà la clef !

Facile à dire, n'est-ce pas ?

Oui. Et si la partie théorique est assez simple, l'expérimentation, elle, est plus complexe.

Pour résumer, il faut occuper ce que Gallwey nomme notre *Moi 1*, ou mental envahissant. Il convient de lui donner un os à ronger de telle sorte qu'il nous fiche la paix, et laisse ainsi l'autre partie de nous-mêmes jouer comme elle l'entend.

À nous de trouver comment faire, selon les personnes et les circonstances.

Par exemple, au tennis, Gallwey conseille, entre autres, de demander à notre *Moi 1* qui interfère en permanence de se concentrer sur la balle envoyée par notre partenaire. Juste observer, de façon neutre.

Ainsi occupée, cette voix cesse de nous donner des ordres et des jugements hâtifs. Le corps se détend, les connexions neuronales retrouvent leur place, et nous frappons la balle correctement.

Et surtout, ajoute-t-il, ne rentrez pas dans un dialogue avec votre mental, vous en perdriez la partie !

Si je reviens à la prise de parole, comment occuper mon mental pour qu'il arrête de me distraire et de me faire perdre mon propre fil ? Une fois que j'ai repéré ce qui serait l'os à ronger idéal pour mon *Moi 1*, alors mon corps peut enfin s'exprimer et interagir avec mon public. Cet os à ronger pourrait être, par exemple, de me concentrer sur ma respiration, de ressentir mon ancrage dans le sol ou de m'intéresser pleinement à mon public en étant centré sur lui par le regard.

Ce Génie propre porte donc en lui-même une double dimension. Un aspect intérieur (disons notre talent principal), et son expression extérieure, c'est-à-dire sa manifestation publique via notre corps, nos gestes, notre voix, etc.

Je suis là pour vous parler d'un autre jeu. D'un jeu où personne ne peut gagner, auquel on est invité à participer.

La victoire au jeu extérieur s'obtient d'abord en gagnant son jeu intérieur, en faisant taire ses interférences pour révéler son Génie propre.

Acceptez-vous de vous engager dans ce jeu intérieur ?

EXERCICES

Rappelez-vous notre exemple de l'enfant de cinq ans qui joue avec son ballon. Il est concentré, engagé, totalement absorbé par son action. Il vit l'instant présent, sa performance est optimale.

Ce sont des expériences de ce type qu'il faut rechercher. Des expériences de *flow*, ce concept élaboré par le psychologue Mihály Csíkszentmihályi dans son ouvrage *Vivre : la psychologie du bonheur*[1].

Les moments de *flow* sont des instants où vous êtes pleinement concentré et engagé dans l'action, si bien que le temps semble s'arrêter et que votre performance est optimale. Les conditions permettant de les atteindre sont liées à des activités présentant un défi important pour vous, mais atteignable, au sens où vous en avez les compétences potentielles.

Pour révéler votre Génie propre, je vous propose un exercice en trois temps.

Exercice 1

Commencez par laisser émerger à votre conscience les moments de *flow* où vous êtes totalement absorbé et engagé dans ce que vous faites. N'allez pas chercher forcément de grandes choses, de belles opportunités, des situations exceptionnelles. Cela peut être aussi des moments furtifs, où vous vous êtes révélé.

Par exemple, vous avez dû remplacer quelqu'un en réunion au dernier moment à votre travail, ou improviser un discours au mariage d'un ami à la dernière minute et c'était magique.

1. Mihály Csíkszentmihályi, *Vivre. La psychologie du bonheur*, Robert Laffont, 2004.

Lister des moments de ce type, que ce soit dans votre vie personnelle ou professionnelle : ne coupez pas votre vie en morceaux. Le Génie propre est attaché à la personne, pas à la fonction.

Listez le moment en mentionnant un mot clef, le contexte et la date.

1. Exemple : improvisation, discours de mariage (mars 2022)
2. ....
3. ....
4. ....
5. ....
6. ....
7. ....
8. ....
9. ....
10. ....

Exercice 2

Notre Génie est inconnu de nous, mais les autres en ont une plus claire conscience.

C'est comme dans *La Lettre volée*, la célèbre nouvelle d'Edgar Allan Poe.

Souvenez-vous. Une lettre a été volée et la police n'arrive pas à mettre la main dessus, au domicile du voleur présumé, pensant qu'il l'a cachée dans un endroit secret. Le détective Dupin finit par la trouver grâce à une autre logique. En effet, pour éviter qu'elle soit trouvée, la lettre n'a pas été dissimulée, mais « cachée dans la lumière », mise en évidence sur le bureau du criminel.

Avec la même logique, recherchons à présent ce qui est évident, mais caché à nos yeux.

Si vous n'avez pas de coach, demandez à des amis bienveillants de vous écouter raconter vos expériences.

Et précisez-leur de prendre des notes en repérant à quels moments, lorsque vous parlez, votre corps s'allume. À quels moments ils peuvent dire : *Ça, c'est vraiment toi !*

Exercice 3

Enfin, en rassemblant les éléments recueillis, regardez ce qui émerge de commun.

Finalement, quand je suis au mieux, dans ces expériences de *flow*, je ne peux pas m'empêcher d'être... et donc de faire...

Essentiel n°2

RÉVÉLER SA RAISON D'ÊTRE, SES ASPIRATIONS PROFONDES

Mon plus grand désir d'acteur ?
C'est de faire des films destinés à faire rire
les enfants et les parents à la fois,
dans ce monde trop triste.

LOUIS DE FUNÈS

BILLY ELLIOT

Je me souviens d'avoir visionné ce film pour la première fois lorsque je travaillais à Rome. J'occupais un poste dans lequel je n'étais pas pleinement épanoui, et cela a été une véritable révélation qui m'a aidé à me mettre en quête de mes aspirations profondes. Quelques années plus tard, je me suis reconverti professionnellement.

Il a ça dans le sang. C'est irrésistible, plus fort que lui.

Le jeune Billy, onze ans, aime danser.

Mais c'est peu dire que l'environnement dans lequel il grandit ne le favorise pas.

Orphelin de mère, il vit avec son père Jackie, qui, habituellement, travaille à la mine. Pour le moment, il fait grève contre les mesures du gouvernement, dans l'Angleterre de Margaret Thatcher.

Il dort dans la même chambre que son grand frère, Tony, lui aussi employé à la mine, violent et prêt à en découdre.

Enfin, il s'occupe de sa grand-mère, atteinte de la maladie d'Alzheimer.

Bref, le tableau n'est pas très réjouissant.

Pour se défouler, il va à son cours de boxe. Jusqu'au jour où il aperçoit les leçons de danse de Mme Wilkinson qui se déroulent dans le même gymnase. Tandis qu'il se prend coup sur coup sur le ring, il regarde discrètement les échauffements des danseuses de l'autre côté du gymnase. La professeure le repère et Billy essaie la danse. C'est une révélation.

À tel point qu'il troque ses gants de boxe pour des ballerines, mais sans le dire à son père. Celui-ci finit par le savoir. Il débarque au cours, emmène Billy dans un coin et lui met les points sur les « i » : *Les garçons font du foot, de la boxe, pas de la danse.* Puis il conclut, laconique : *Oublie tes rêves de danseur !*

C'est un univers tellement aux antipodes du père. Tellement loin de son quotidien et de ce qu'il projette pour son fils. Et puis, s'il se sacrifie chaque jour pour sa famille, ce n'est pas pour dilapider l'argent dans des futilités...

Pendant ce temps, Mme Wilkinson révèle à Billy qu'elle envisage de le présenter à l'audition de la prestigieuse École royale de ballet de Londres.

Ce sont deux désirs qui se croisent. Celui du père, qui veut faire de Billy un homme selon ses critères, et celui de la professeure de danse, qui a décelé chez le garçon un potentiel exceptionnel, qui ne demande qu'à éclore.

Billy se retrouve au milieu de ces tensions qui le traversent. Tantôt découragé, tantôt révolté, toujours en mouvement.

Lorsque Mme Wilkinson annonce clairement au père et au frère de Billy qu'il a le talent pour passer une audition à Londres, elle se fait violemment rabrouer.

Manifestement, les éléments extérieurs s'obstinent contre les aspirations profondes du jeune garçon. Les vents ne sont pas porteurs. L'enjeu est crucial : c'est Billy lui-même. Qui va-t-il être ? Que va-t-il devenir ? Quels désirs va-t-il suivre ?

Après un retournement de situation spectaculaire, Jackie, le père de Billy, accepte le talent singulier de son fils, et la famille se cotise pour lui payer le voyage à Londres, en vue de passer la fameuse audition.

EXTRAIT DU FILM

Quel est justement ce moment de bascule qui va tout changer ?

Comment le père, si rigide et si violent, se laisse-t-il convaincre, au point d'opérer un changement si radical, qui va lui faire reprendre le travail pour financer le rêve de son fils ?

Un soir, Billy et son pote Michael vont danser dans le gymnase. Michael a rajouté un tutu sur son jean. Quant à Billy, il s'accroche aux cordes et virevolte, danse, crie. Un sentiment de liberté totale.

Alerté par un ami, son père Jackie arrive sur les lieux et aperçoit Billy en train de danser.

Droit comme un piquet, son bonnet sur la tête, le père est médusé. Michael enlève doucement son déguisement.

Billy se tient debout, à portée de la gifle de son père. D'ailleurs, Jackie se frotte la tête avec les mains, nous plongeant dans une incertitude : quand va partir l'estocade ?

Jusqu'au moment où...

Où Billy tape du pied et commence à danser devant son père.

D'abord face à lui, le regard planté dans le sien. Tout son corps s'agite, danse, résiste.

Peu à peu, il élargit son spectre et occupe tout l'espace avec ses pas et ses figures. C'est une véritable démonstration de force. Il lui en met plein la vue. Comme si l'espace restreint, dans lequel il vivait jusqu'à présent, ne lui suffisait plus.

À cet instant, il n'y a plus de cloisons, de chambre à partager avec son frère, d'injonctions paternelles auxquelles obéir. Il est libre. Et cela se voit. Cela éclate, même.

Jackie, sidéré et imperturbable à la fois, tourne le dos et s'en va.

Le lendemain, il s'entretient avec la professeure de danse pour se renseigner sur le coût de l'audition, et reprend le travail pour financer cela.

Un point de non-retour s'est opéré, et désormais les forces qui luttaient contre le désir de Billy vont se mettre à son service.

LA LEÇON DE BILLY

Ce n'est pas la première fois que Jackie surprend son fils en train de danser. Il l'a même sermonné pour cela.

Que se passe-t-il donc pour que, cette fois-ci, il finisse par lâcher prise ?

C'est comme si, pour la première fois, il était littéralement dépassé. Mais par quoi, exactement ?

Billy, d'abord, lui tient tête. Il dépasse sa peur. Reste debout. Regarde son père et danse. Désormais, il faudra faire avec cette aspiration essentielle. D'autant plus essentielle qu'elle signe une véritable liberté de mouvement. Lorsqu'il danse, Billy est vraiment lui-même, épanoui, et cela saute aux yeux.

Billy n'a donc plus peur, il ne se tait plus, ce qui signifie que le pouvoir abusif et contrôlant de son père est devenu caduc. Ou alors, il faudrait taper plus fort !

Billy lui tient tête, alors qu'il aurait pu s'écraser, courber l'échine, rentrer dans le rang.

Il lui tient tête, alors qu'il aurait pu, tout au contraire, se mettre en colère et tout casser.

Il lui tient tête en répondant à partir de son talent. Et c'est cela qui est prodigieux.

Il donne à goûter à son père le meilleur de lui-même. Il rend témoignage à cette énergie vitale et libératrice qui le traverse et le rend heureux.

Ce n'est pas un dialogue, mais une expérience qu'il offre à celui qui, jusqu'ici, projetait sur son fils ses peurs et ses clichés.

Son arme, dans ce combat contre l'autorité abusive, est l'expression de sa Raison d'être, c'est-à-dire un mouvement qui le traverse et l'englobe tout à la fois.

Plus tard, au moment de l'audition à Londres, l'un des membres du jury demandera à Billy ce que lui procure la danse. Billy lui expliquera, avec ses mots à lui, que, lorsqu'il danse, il oublie tout le reste : *C'est comme si je disparaissais [...] je me sens comme un oiseau [...] de l'électricité.*

C'est comme cela que se vit la Raison d'être, c'est-à-dire le moment où vous vivez pleinement vos aspirations les plus profondes et les plus authentiques, celles qui donnent un sens à votre vie.

Pour un individu, on peut comparer la Raison d'être au fil rouge qui traverse sa vie. *C'est plus fort que moi. Ça danse en moi*, pourrait dire Billy.

Et ce mouvement fondamental est associé à la liberté et à l'amour.

On pourrait le dire en sens inverse. Si ma Raison d'être ne me procure pas un sentiment de libération et de joie, c'est que je ne suis pas au bon endroit.

En effet, elle inclut mon Génie propre, tel que nous l'avons vu au chapitre précédent et elle l'englobe dans un mouvement plus large, orienté vers une finalité spécifique. Chacun de nous a un talent : qu'en fait-il ? C'est la fameuse Raison d'être, au service de laquelle chacun trouve à incarner son talent.

Donc, Billy tient tête à son père. Ayant découvert sa Raison d'être, il ne voit plus d'autres raisons... de ne pas être ! Rien d'autre ne compte réellement à ses yeux.

C'est une force extraordinaire et qui vient de loin. Tout cela, le père le ressent. Il est dépassé, au sens propre comme au sens figuré.

Pour autant, ce cheminement pour que Billy déploie sa Raison d'être se fait-il sereinement et rapidement ? Certainement pas.

Nous avons déjà évoqué les forces extérieures qui ont été un frein à ses aspirations profondes, à commencer par les membres de sa famille. Mais une autre barrière a dû être levée : sa peur de réussir.

On peut tout à fait pressentir que l'on doit changer de voie, et en même temps avoir une peur immense des implications que cela comporte – c'est même souvent le cas.

Billy est passé par toutes ces phases, ces révoltes, ces reculades et ces engagements. Il a persévéré jusqu'au bout. C'est aussi pour cela qu'il a été exaucé.

COACHING

Certaines entreprises ont compris les bénéfices qu'elles auraient en permettant au plus grand nombre d'exprimer leur Raison d'être. Si l'on favorise ainsi une culture d'intrapreneurs (des personnes qui ont une mentalité d'entrepreneurs à l'intérieur de l'entreprise), les salariés vivront leurs aspirations véritables au service de la mission plus large de la société.

L'acteur Michel Bouquet l'exprime merveilleusement dans son livre *Servir* : *Pour chaque personne, il y a une vocation, mais il faut que cette vocation prenne la personne entièrement, la possède. Quand on a découvert ce pour quoi on est fait, il n'y a plus de crainte à avoir*[1].

Et la crainte, en entreprise, a un coût élevé. La peur de se tromper, d'oser, de s'exposer et de prendre des risques conduit parfois à se surprotéger plutôt que de prendre ses responsabilités.

Qui n'a pas reçu l'un de ces mails avec une myriade de personnes en copie, censées couvrir l'expéditeur ?

Servir sa Raison d'être, c'est donc trouver en soi un lieu de confiance qui nous permettra de rebondir en cas d'échec et de favoriser l'engagement, donc la performance.

Plusieurs approches existent pour parler de cette notion.

1. Michel Bouquet, *Servir. La vocation de l'acteur. Entretiens avec Gabriel Dufay*, Archimbaud/Klincksieck, 2017, p. 146.

J'aimerais partager avec vous l'une d'entre elles, originale et efficace à la fois, qui est issue d'une théorie et d'entretiens très nourrissants avec son auteur, que je remercie vivement.

Dans l'un de ses livres, *Notre troisième cerveau*[1], le professeur et neuropsychiatre Jean-Michel Oughourlian nous initie à sa thèse sur le désir mimétique.

Là où nous pensons désirer par nous-mêmes, l'auteur nous révèle que derrière tout désir se cache en réalité un tiers, qui nous a désigné l'objet à désirer. Et ce, de manière directe ou suggérée. Que ce soit un vêtement, une promotion en entreprise, une personne, c'est ce tiers, tapi dans l'ombre, qui nous le rend désirable.

Si surprenante que soit cette approche, elle semble être validée tous les jours par la publicité, dont le budget annuel mondial s'élève tout de même à 738 milliards de dollars[2].

Ainsi, pour nous vendre un parfum, on ne nous vante pas les caractéristiques contenues dans le flacon, mais on nous en met littéralement plein la vue à partir d'un modèle enviable (un mannequin, un acteur, etc.), qui nous suggère à quel point il est heureux grâce à cet élixir.

C'est pourquoi tout désir est aussi un désir d'être. En s'appropriant l'objet vanté par le modèle copié, on devient un peu plus ce modèle. On croit s'approprier ses qualités.

Revenons à la théorie du désir mimétique. Comment se fait-il que nous imitions, même à notre insu, tant de modèles, de nos parents aux héros cinématographiques ?

---

1. Jean-Michel Oughourlian, *Notre troisième cerveau. La nouvelle révolution psychologique*, Albin Michel, coll. Espaces libres, 2020.
2. Enguérand Renault, « Le marché publicitaire mondial poursuit sur sa lancée », *Le Figaro*, 14-07-2022.

Cette hypothèse est confirmée, au début des années 1990, par des chercheurs de l'Institut des neurosciences de l'université de Parme. Ils découvrent alors des cellules du cerveau qu'ils baptisent *neurones miroirs*.

Pour l'expliquer simplement, le professeur Oughourlian prend l'exemple suivant : imaginons que nous ayons chacun un système d'imagerie cérébrale qui nous permette de visualiser, en temps réel, l'activité de notre cerveau.

Si je suis face à vous et que je dirige ma main vers un verre d'eau, que je le porte ensuite à mes lèvres pour boire, des zones spécifiques de mon cerveau s'allument quand j'effectue ce mouvement.

Mais ce qui a été prouvé, c'est que, vous qui êtes en face de moi, en train de me regarder faire ce geste sans agir, vous le vivez en miroir : les mêmes zones cérébrales vont s'éclairer dans votre propre cerveau.

Ces neurones miroirs portent donc bien leur nom, puisqu'ils reflètent à l'identique ce que nous observons chez l'autre. Votre cerveau duplique non seulement ce qu'il voit (ici, le geste de boire), mais aussi l'intention qu'il perçoit chez l'autre (dans notre exemple, le fait de se désaltérer).

Ce cerveau, qui ne peut pas s'empêcher d'imiter les modèles qu'il a sous les yeux, a été baptisé le *troisième cerveau*. Pour schématiser, le premier est notre cerveau rationnel ou cortical. Le deuxième est le cerveau émotionnel ou limbique. Et il y a donc ce troisième cerveau, le cerveau relationnel. Troisième dans l'ordre de la découverte, mais qui serait le premier à se mettre en action dans nos rencontres. On imite d'abord, on se justifie ensuite.

Continuons notre raisonnement. En nous obstinant à dire que notre désir nous appartient, nous satisfaisons notre ego, mais nous faisons fausse route. Ce n'est pas moi qui désire *ex nihilo*.

D'ailleurs, lorsque j'aurai satisfait mon désir, j'en trouverai un autre, et ainsi de suite. Ce n'est pas moi qui désire, au sein d'un moi autonome et tout-puissant, mais c'est mon désir – copié sur celui d'un autre – qui crée ce que j'appelle mon *moi*.

De la même façon que j'ai été créé biologiquement par d'autres (mes parents, en l'occurrence), je suis psychologiquement engendré par d'autres aussi, cette fois-ci des modèles que j'imite.

C'est toute notre vision de l'individu autonome et souverain qui s'en trouve bouleversée.

C'est pourquoi mon moi, mon ego selon le sens des philosophies orientales, n'a tellement pas envie de mourir à lui-même en reconnaissant l'altérité de son désir, qu'il s'accroche à l'idée fausse que c'est vraiment lui qui désire tout seul.

Ce discours est d'ailleurs entretenu par la vision classique du développement personnel qui vise justement à renforcer l'autonomie illusoire du moi.

C'est donc une révolution copernicienne qui nous est proposée ici. Comme l'écrivit Thomas Merton : *Nul n'est une île*[1]. Nous sommes tous liés les uns aux autres.

Il peut sembler paradoxal de prétendre trouver ma Raison d'être tout en affirmant que je n'ai que des désirs d'emprunt.

C'est vrai, et en même temps, il me reste une part de liberté à exercer tout de même.

En effet, je m'aperçois que, pour des motifs qui nous échappent souvent, nous n'attrapons pas spontanément tous les référents que l'on nous tend en miroir. C'est donc qu'un choix s'opère, j'ai presque envie de dire, malgré nous. Et surtout, de façon consciente cette fois, nous avons une liberté réelle : celle de choisir nos modèles en toute connaissance de cause.

1. Thomas Merton, *Nul n'est une île*, Points, 1993

La question n'est donc plus *Qu'est-ce que tu veux faire plus tard ?* mais *Qui veux-tu être ?* et *Qui vas-tu imiter désormais ?*

Et pour éviter tout fanatisme, c'est-à-dire toute identification excessive et exclusive envers une seule personne, il est sage d'avoir plusieurs modèles !

Chez certains, qui ont eu assez jeunes une véritable vocation, on retrouve souvent une rencontre marquante avec quelqu'un qui a été pour eux un véritable maître à imiter. Pour les autres, qui n'ont pas eu la révélation d'un appel particulier, la bonne nouvelle est que nous avons tous fait des rencontres, et que nous avons tous, d'une manière ou d'une autre, imité des héros successifs, même à notre insu (un professeur, un parent, une célébrité, etc.). Il est temps d'en prendre conscience pour qu'ils nous guident dans la recherche de notre bonne étoile.

Après ce détour, revenons au film.

Billy a donc résisté en allant à l'opposé de ses neurones miroirs. Ceux-ci ont dû naturellement refléter dans son cerveau la même rage que celle qui irradiait de son père. C'est l'effet miroir neurologique naturel.

Mais il s'est branché sur le meilleur de lui-même pour lui répondre autrement et ne s'est pas laissé entraîner dans une réplique du type « œil pour œil, dent pour dent », donc conflictuelle et perdante.

Il y a d'ailleurs ici un potentiel incroyable pour favoriser la prévention des conflits en entreprise et ailleurs.

En évitant de suivre la pente pavlovienne de nos neurones miroirs, lorsque nous faisons face à une provocation, nous pourrions rechercher des réponses plus constructives à un autre niveau, celui de notre Raison d'être. En tout cas, Billy incarne sa singularité sans se laisser happer par la violence que suscite son père, et sa réponse prodigieuse est le meilleur antidote au conflit.

Par ailleurs, Billy a vu les leçons de danse lorsqu'il s'entraînait au gymnase de boxe. Il a perçu la différence de modèle entre son entraîneur violent et la professeure en ballerines avec ses élèves. Il a saisi la grâce et la liberté qui se dégageaient de la danse et qui faisaient écho à cette libération intérieure à laquelle il aspirait. Une brèche s'est ouverte soudainement, lui faisant entrevoir qu'un autre monde devenait possible. Un monde dans lequel lui aussi goûterait à cette émancipation.

Il s'est donc inscrit à l'école de Mme Wilkinson.

Et vous, à quelle école voulez-vous vous inscrire ?

EXERCICE

Puisque notre désir nous pousse à imiter la part d'être d'un modèle, l'idée de cet exercice n'est donc pas de s'orienter sur le « faire ». *Que veux-tu faire dans cinq ans ?* est une question qui peut être très anxiogène, et surtout compliquée à résoudre.

Allons plutôt chercher le fil rouge de votre vie en regardant les personnes qui ont été pour vous source d'inspiration, et que vous avez imitées, même sans le vouloir.

Ces modèles peuvent être proches, issus de la famille, des amis, ou plus lointains, comme un acteur de cinéma que vous aimez beaucoup et auquel vous vous identifiez.

Ils peuvent vous nourrir encore aujourd'hui dans la mesure où vous admirez chez eux des facettes que vous aimeriez vous approprier. Ou bien, ce qu'ils avaient à vous transmettre est intégré en vous et ces modèles passés restent comme des repères sur votre chemin.

Et puis il y a ces modèles présents et à venir, pour le changement que vous envisagez. Quels vont être vos mentors de demain, vos figures de référence pour réussir sur votre route ?

Cet exercice se fera en deux temps.

Premier temps

Sur une feuille, dessinez la flèche du temps.

Notez sur des Post-it vos modèles passés, présents et à venir. Ne vous censurez pas et ressentez ce que cela provoque en vous lorsque vous vous remémorez ou vous imaginez les moments vécus (concrètement ou en pensée) avec votre modèle.

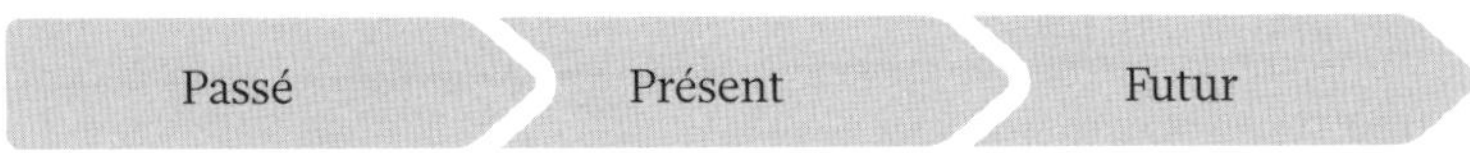

Exemple (sur un Post-it)

- Modèle : XXX (mon manager lorsque j'ai commencé ma carrière)
- J'admirais : son sens de la psychologie humaine et sa perspicacité
- Quand je pense à lui, je me sens : très reconnaissant pour le temps qu'il m'a accordé

Exemple n°1

Modèle : ....

....

....

J'admire : ....

....

....

....

Quand je pense à lui, je me sens ....

....

....

....

Exemple n°2

Modèle : ....

....

....

J'admire : ....

....

....

....

Quand je pense à lui, je me sens ....

....

....

....

Exemple n°3

Modèle : ....

....

....

J'admire : ....

....

....

....

Quand je pense à lui, je me sens ....

....

....

....

Deuxième temps

Finalement, je suis un patchwork de tous ces modèles imités[1].

En tirant le fil rouge de tous ces exemples, qu'est-ce qui apparaît au sujet de mes aspirations profondes ? Comment se dessinent-elles ?

Je ne peux pas m'empêcher d'être attiré vers ....

....

....

Mes aspirations véritables sont ....

....

....

....

....

....

....

....

....

1. Je dois cette belle formulation au professeur Jean-Michel Oughourlian.

Essentiel n°3

DÉPLOYER SES AMBITIONS, PASSER À L'ACTION

Les hommes sont malheureux
parce qu'ils ne réalisent pas les rêves qu'ils ont.

JACQUES BREL

LES CHARIOTS DE FEU

Ce film est pour moi l'archétype du coaching opérationnel, puisqu'il pose deux questions essentielles : *Que veux-tu vraiment ?* et *Comment vas-tu atteindre ton objectif ?*

C'est le moment d'établir un plan d'action pour que ce que vous portez d'unique puisse s'incarner dans la réalité.

D'abord, il y a cette musique envoûtante de Vangelis, qui nous transporte et nous fait entendre jusqu'aux battements de cœur.

Puis, justement, ces pulsations de jeunes qui courent sur la plage, sportifs et inspirés à la fois.

Le film parle librement de faits réels, de ces Jeux olympiques de 1924, à Paris, où deux athlètes britanniques concourent pour le 100 mètres.

Harold Abrahams, étudiant de confession juive, entre à Cambridge en 1919 et se distingue, dès le départ, par sa capacité à faire le tour de la cour du collège durant les douze coups de midi. Manifestement, cette prouesse n'a pas été couronnée de succès depuis sept siècles !

En parallèle, en Écosse, Eric Liddell, coureur reconnu, de confession protestante, prend la parole et compare la foi à la course à pied. Puis il évoque sa passion : *D'où vient la force de courir jusqu'au bout ? De l'intérieur.*

Le ton est donné. Nous parlerons d'exploits sportifs, de combativité, mais surtout de ce feu intérieur spécifique à chacun et qui nous pousse à nous dépasser.

Pour le jeune Harold Abrahams, être juif dans un Royaume-Uni chrétien, ce n'est pas vraiment être chez soi. Il veut conquérir sa place et se battre. Gagner les batailles une à une, dépasser l'humiliation : voilà son défi.

Et pour cela, il est prêt à tout, notamment à aller convaincre le coach de son concurrent de travailler pour lui.

— *Pourquoi courez-vous ?* lui demande un jour une amie chanteuse.

Sa réponse est tranchante comme un sabre :

— C'est une obligation, une arme.

– *Contre quoi ?* poursuit la jeune femme.

– *D'être juif, je suppose*, enchaîne Harold.

Pas de faux semblants chez lui. Sa vie est une bataille, et la course, son terrain de jeu. Il court pour gagner, se dépasser, vaincre l'adversité !

Son coach va l'aider, notamment en lui présentant des modèles de vainqueurs dont il pourra s'inspirer. Sa ténacité fera le reste.

De son côté, Eric Liddell doit batailler avec sa femme, qui lui reproche de délaisser la mission (partir en tant que missionnaire en Chine) pour la course.

Et Liddell de lui répondre, comme une déclaration : *Dieu m'a fait comme je suis pour un but : pour la Chine. Et il m'a aussi fait pour aller vite, et lorsque je cours, je ressens son plaisir. Abandonner serait mépriser ce pour quoi j'ai été fait.*

Il lui annonce sa participation aux Jeux olympiques.

Sa foi va d'ailleurs être mise à l'épreuve assez vite. Les courses éliminatoires pour le 100 mètres ont lieu un dimanche, et pour Liddell, il n'est pas concevable de courir en ce jour dédié à Dieu. *Dieu avant le roi !*

Devant l'intransigeance du coureur, une solution émerge : il remplacera un autre participant, au 400 mètres cette fois, dont la course a lieu un jeudi.

Finalement, Abrahams gagnera le 100 mètres, et Liddell, le 400 mètres, chacun pour des raisons différentes : les leurs.

EXTRAIT DU FILM

Abrahams a une rage incroyable, une revanche à prendre, et il est prêt à tout pour y arriver. Une audace, un culot, une détermination sans faille.

Sa flamme intérieure le brûle et le consume. Il voit son modèle, Eric Liddell, gagner toutes les courses. Il va donc chercher à lui emprunter celui qui, lui permettra de réussir, à savoir son coach.

Voici un extrait du dialogue entre Abrahams et le coach de Liddell :

COACH : *Alors, vous avez fait cinq cents kilomètres juste pour me voir ?*

ABRAHAMS : *Vous et Liddell. On m'a dit que vous étiez les meilleurs.*

COACH : *Qu'en pensez-vous maintenant ?*

ABRAHAMS : *Eric Liddell ? Je n'avais jamais vu une telle énergie, un tel engagement chez un coureur. Il court comme une bête sauvage. J'avoue qu'il m'a ébloui.*

COACH : *Ça se comprend. J'avoue qu'il m'a fichu une peur bleue.*

ABRAHAMS : *Oui. Je veux que vous m'aidiez à le battre !*

COACH : *Heu, dites-moi, monsieur Abrahams, vous êtes marié ?*

ABRAHAMS : *Non.*

COACH : *Quand vous trouverez une fille qui vous plaira, qu'est-ce que vous penserez si elle vous pose la question ? Vous voyez, monsieur Abrahams, comme le fiancé, c'est l'entraîneur qui doit poser la question.*

ABRAHAMS : *Monsieur Mussabini [le coach]. Je sais courir vite. Avec votre aide, je pense pouvoir courir encore plus vite. Peut-être plus vite qu'aucun homme n'a jamais couru. Je veux la médaille olympique. Je la vois. Elle m'attend. Mais je ne l'aurai pas tout seul.*

Finalement, le coach accepte de l'observer et de faire ce qu'il peut pour qu'il atteigne son objectif.

Ce qu'a décrit et ressenti Abrahams, en parlant de la médaille, le coach aussi l'a perçu en lui.

LA LEÇON DE HAROLD ABRAHAMS

Pour quoi cours-tu ? Après quoi cours-tu ?

Cette expression, passée dans le langage courant, traverse en réalité tout le film. Nous en avons déjà parlé au chapitre précédent, qui traite de la Raison d'être. Je n'y reviens donc pas.

Ce dont il s'agit ici, c'est finalement de trouver le moyen d'incarner, de rendre possible cette Raison d'être dans mon quotidien d'aujourd'hui et de demain. Comment la faire advenir afin qu'elle ne reste pas un vœu pieux ?

Regardons l'extrait de près.

Abrahams a fait le déplacement exprès. Il s'est mis en mouvement vers ceux qu'il admire. Mais il y a un tiers caché : *On m'a dit que vous étiez les meilleurs.* On m'a dit… C'est quelque chose d'extérieur à lui, qui lui désigne la chose à désirer. Ce qu'il admire, c'est la réussite et tout ce qu'elle représente pour lui.

Le coach le renvoie à lui-même. Alors, Abrahams parle de façon plus personnelle, intime. Il admire, chez Liddell, son énergie, son engagement. *Il m'a ébloui*, dit-il.

Enfin, il lâche son objectif : *Je veux que vous m'aidiez à le battre.*

Le modèle qu'il admire, il veut le dépasser.

Dans la vraie vie, c'est en réalité ce que nous faisons constamment. Nous prenons, et souvent à notre insu, des modèles dont nous copions le paraître, l'avoir, l'être et le désir même.

Souvenez-vous, nous en parlions lorsque nous évoquions la théorie du désir mimétique du professeur Oughourlian.

Ce qui est étonnant ici, c'est qu'il en a non seulement conscience, mais qu'il l'affiche aussi sans fard et avec un culot incroyable, puisqu'il demande au coach de son concurrent de l'aider pour cela.

Tout aussi prodigieuse et puissante, est la clarté de son intention. Pas de fioritures, pas de *oui, mais...* ni de *peut-être*. Il veut battre Liddell, il veut la première place. Son intention le rend focus, déterminé et puissant. On sent que rien ne peut l'arrêter. C'est devenu une question existentielle.

Une autre de ses qualités, à ce moment-là, est son audace. Après tout, il aurait pu avoir intérieurement cette claire vision et ne pas la dire. Il aurait pu être plus politique. En fait, il s'expose, il annonce son désir et prend le risque de la lumière. Désormais, le coach devra se positionner face à cette demande. D'ailleurs, il le rabroue quelque peu.

Mais le désir devient ambition : *Je veux la médaille olympique. Je la vois. Elle m'attend.* Il a la vision de son succès. Non seulement les mots, mais aussi l'image. Et une image proche, déjà là.

À cet instant, le présent et le futur sont entremêlés. Il se réjouit déjà de la médaille. Il la goûte, la savoure. Son cerveau émotionnel est activé. Cela n'est pas seulement un objectif froid, une *to-do list* : tout son être est mobilisé vers l'obtention du Graal. L'objectif n'est plus extérieur à lui, il *est* lui.

Mais je ne l'aurai pas tout seul, ajoute-t-il, faisant preuve alors d'une qualité ultime, l'humilité.

Il voit bien qu'il doit opérer un saut quantique qui l'attire, certes, mais le dépasse évidemment. *Je ne l'aurai pas tout seul* : c'est déterminant !

Cela rejoint chacun d'entre nous. Tant que je pense savoir, tant que je suis convaincu de mes ressources et de mon autosuffisance, cette pensée même est le frein principal à l'obtention de mes désirs.

Passer de la Raison d'être à l'Ambition, c'est donc cela : annoncer clairement mon intention, visualiser sa réalisation mentalement, et reconnaitre en même temps que cette réalisation dépend d'un autre.

Remarquez qu'il ne choisit pas n'importe quel moyen. Il prend le moyen de son modèle en lui empruntant son coach, mais il l'aborde à sa façon : en étant franc, direct, à son image. Il prend donc un moyen qui lui ressemble. C'est aussi une clef importante pour la réussite de l'Ambition : que le moyen utilisé soit comme un prolongement de nous-mêmes.

Si, par exemple, vous devez reprendre une formation pour réaliser votre rêve, assurez-vous qu'elle corresponde vraiment à ce que vous êtes, dans son contenu comme dans sa pédagogie et ses valeurs. Ne commettez pas l'erreur de penser ainsi : ce que j'étudie m'ennuie, mais les débouchés seront intéressants demain. Abordez au contraire ce cheminement comme si vous y étiez déjà.

Puisque ce moyen doit rendre présent ce qui devrait être déjà là, il ne faut surtout pas qu'il crée des distorsions entre ce qui est aujourd'hui et ce à quoi vous aspirez pour demain.

Ici, c'est clair. Si l'alliance avec le coach est parfaite, c'est qu'elle s'est faite sur l'audace et le franc-parler d'Abrahams. Le reste en découle.

Lorsque l'on parvient à une telle clarté, la dernière chose qui conduira au succès est le travail. Mais celui-ci aura changé de nature. Ce n'est plus seulement à la force du poignet que l'on obtient le succès, mais en assumant son plan de match intérieur, c'est-à-dire en déroulant l'action comme le prolongement de soi-même et de sa vision, et non plus comme une succession d'actes extérieurs à planifier.

COACHING

Derrière cette approche, nous retrouvons en premier lieu un véritable changement d'état d'esprit, de *mindset*, comme disent les Anglo-Saxons.

Dans l'un de ses ouvrages au titre évocateur, *Arrosez les fleurs, pas les mauvaises herbes*, Fletcher Peacock[1] nous initie à la communication orientée vers les solutions. Il postule que les questions que l'on se pose traduisent en réalité les croyances que nous avons sur la résolution de nos problèmes.

À une certaine époque dit-il, on était convaincu que, pour résoudre un problème, il fallait absolument comprendre l'origine du problème lui-même. On passait alors un temps fou à faire un audit de la situation avant de pouvoir agir.

Puis est venue une deuxième génération de communicants. Ils ne cherchaient plus les causes des difficultés pour pouvoir avancer, mais recherchaient dans le présent tous les cercles vicieux interactionnels qui maintenaient le problème en l'état. Et en brisant ces boucles, pensaient-ils, le problème serait résolu.

Enfin est arrivée la communication de troisième génération, une communication orientée vers les solutions, qui ne s'intéresse qu'à deux questions tournées vers l'avenir :

- Quel est ton but ?
- Comment avancer minimalement vers ton objectif ?

Avec cette dernière approche, plus besoin de comprendre pour agir ni de tout résoudre pour avancer.

1. Fletcher Peacock, *Arrosez les fleurs, pas les mauvaises herbes ! Une stratégie qui révolutionne les relations professionnelles, amoureuses et familiales*, les Éditions de l'Homme, 2007.

On voit bien, dans notre extrait, qu'Abrahams illustre à merveille cette façon de faire. Son but est énoncé de manière extrêmement claire, et le moyen adéquat pour y arriver aussi. Il n'y a ni introspection, ni retour en arrière, ni doutes, rien. Juste une énergie tendue vers l'objectif.

Pour arriver à cette demande épurée et limpide, il faut parfois du temps, car notre objectif ne se révèle souvent qu'après avoir démêlé tout un enchevêtrement d'émotions et de sous-objectifs contradictoires.

Qu'est-ce que tu veux vraiment, quel est ton but ?

Lors d'une prise de poste, le moment est d'autant plus délicat que nous n'avons souvent pas tous les éléments pour répondre à cette question, et pourtant le temps presse, car nous devons nous positionner. Nous devons nous satisfaire d'objectifs partiels et progresser à petits pas pour y voir plus clair, telle l'avancée d'une voiture en pleins phares dans la nuit.

Qu'est-ce que tu veux et quelle est la prochaine étape, le *next step* ? Voilà les questions à se répéter en permanence pour sécuriser le chemin.

Au cours d'une prise de parole dont les enjeux sont importants, la question de l'intention est, à mes yeux, déterminante. Dans ma démarche de coach, je ne lâche jamais rien tant que je n'ai pas complètement compris l'objectif du client.

Une précision, néanmoins : dans notre extrait de film, Abrahams explicite son intention au coach de manière directe, alors que, dans une prise de parole, cette intention peut rester cachée du moment qu'elle est limpide pour vous. L'important est que le public la ressente et la comprenne émotionnellement.

Quoi qu'il en soit, la première clef pour déployer ses Ambitions demande donc une réponse évidente à ces deux questions :

– Quel est ton but ?

– Comment avancer de façon minimale vers ton objectif ?

Une deuxième clef fondamentale, nous l'avons vu dans l'extrait, est de considérer l'Ambition comme déjà réalisée. La visualiser, la goûter par les cinq sens.

Je veux la médaille olympique. Je la vois. Elle m'attend.

Croyez-vous vraiment que votre Raison d'être est accessible ? La savourez-vous déjà comme si elle était réalisée ? D'ailleurs, si vous viviez comme si elle l'était, que se passerait-il ? Comment vous sentiriez-vous ? Quelles seraient vos émotions dominantes ?

Les enfants sont très forts pour *faire comme si*, et ils ont raison. Les découvertes autour de la physique quantique confirment solidement leur intuition. Croire en quelque chose comme étant déjà réalisé, peut le faire advenir. Une réflexion foisonnante sur ce sujet a lieu, particulièrement aux États-Unis, où chacun invoque désormais la physique quantique parfois à tort et à travers pour justifier tel ou tel comportement. Ne soyons pas dupes du procédé. Néanmoins, dans la pratique, l'utilisation métaphorique des procédés quantiques fonctionne, et c'est ce que nous allons voir ici.

Je ne vais pas faire un traité sur la physique quantique, j'en serais bien incapable. Retenons néanmoins quelques informations utiles qu'elle nous propose, en lien avec notre sujet.

La physique quantique, apparue au début du XXe siècle, s'attache à comprendre les lois qui animent l'infiniment petit. Et, surprise, elles divergent des principes de la physique classique qui, elle, décrit le monde que nous observons via nos cinq sens.

Descartes a introduit une pensée dualiste, séparant l'esprit et la matière. La réalité, le monde extérieur décrit par le physicien, obéit alors à des principes plutôt mécanistes et indépendants du sujet qui l'observe. Nous cherchons donc à observer et à décrypter des lois et des mécanismes de l'univers extérieurs à nous, indépendants de nous.

Or, du côté de la physique quantique, le fait même de mesurer l'infiniment petit modifie l'objet observé. Nous faisons partie du réel, que nous influençons sans le savoir.

L'une des conséquences est donc que notre esprit, et plus précisément ce sur quoi nous portons notre attention, exerce une influence sur le monde. Mon observation transforme l'objet observé. Tout est lié !

Mon monde intérieur décide, en grande partie, de mon monde extérieur.

Par conséquent, ma première responsabilité est de choisir ce sur quoi je vais orienter mon observation, mon esprit et mes pensées.

L'univers quantique regorgerait d'une infinité de possibilités qui n'attendraient que notre présence consciente pour être libérées et advenir. À certains moments de notre vie, nous pouvons ressentir cela de manière particulièrement aigüe, lorsque nous sommes amoureux ou passionnés par un projet, par exemple. Nous vibrons à une certaine fréquence émotionnelle et, comme par hasard, des évènements, des circonstances viennent confirmer ce que l'on ressent. Mais attention, cette synchronicité fonctionne quelles que soient les émotions ressenties, les meilleures comme les pires.

Si nous revenons à notre exemple, ressentir sa Raison d'être comme si nous la vivions déjà à 100 %, c'est se mettre sur une bonne fréquence pour inviter les circonstances à répondre au même niveau.

Abrahams voit tellement la médaille olympique qu'il peut presque la palper. Il n'y a plus de distance. Le futur est déjà là.

Une deuxième considération, issue du monde quantique, est liée au principe d'intrication[1].

En physique quantique, on parle d'intrication, lorsque deux particules, malgré leur distance, se comportent comme un tout : une modification sur l'une d'elles entraîne un changement sur l'autre[2].

Ce qui signifie concrètement que deux particules corrélées interagissent comme si le temps n'existait plus. Tout cela se passe de manière instantanée, et non pas de façon causale, c'est-à-dire inscrite dans le temps.

Extrapolons. Puisque, d'un point de vue quantique, toutes les possibilités coexistent en même temps, nos pensées et nos émotions impactent aussi bien le passé que le futur. Je ne suis plus prédéterminé par mon passé. Certes, il est préférable de se connaître, et un minimum de travail sur soi évite bien des écueils. Néanmoins, je ne suis pas enfermé ni réduit à mon histoire antérieure.

Je peux l'atténuer en cessant tout simplement de lui donner de l'énergie et en me centrant sur ce projet d'avenir, ancré dans ma Raison d'être.

En clair, le meilleur moment pour être prêt, c'est maintenant !

Vous comprenez pourquoi les bilans de compétences débouchent rarement sur des projets novateurs. Vous risquez de rester enfermé dans votre passé qui, certes, vous façonne, je ne le nie pas, mais qui devrait être un point de départ, et non une ligne d'arrivée.

Voilà de quoi aussi changer l'ADN d'un discours pour le rendre inspirant !

---

1. Blandine Pluchet, *La physique quantique pour les nuls en 50 notions clés – L'essentiel pour tout comprendre*, First Éditions, 2018.
2. *Ibid.*, p. 138.

Si vous êtes capable de rendre accessible la vision que vous avez et de la faire savourer à votre auditoire, avec tous vos sens, elle vivra immédiatement dans l'esprit du public. Le temps sera aboli et la mise en œuvre du changement, grandement simplifiée.

Il est temps de déployer vos Ambitions, d'oser voir grand, d'incarner la personne que vous êtes vraiment et ce que vous portez d'unique pour tracer une route qui n'attend que vous.

Il est temps d'oser.

Maintenant.

EXERCICE

Quand je regarde ce qui émerge de mon Génie propre (Essentiel n°1) et de ma Raison d'être (Essentiel n°2), comment concrétiser cela à l'avenir ? Comment déployer mes Ambitions (Essentiel n°3) ?

L'exercice se fera en deux temps.

Premier temps

Faites « comme si ! »

- Et si vous viviez à 100 % vos aspirations les plus authentiques (votre Raison d'être), que se passerait-il aujourd'hui, dans une semaine, dans un mois, un an, sept ans ?
- Décrivez minutieusement ce que vous voyez et ressentez.

– Aujourd'hui ....

....

....

....

– 1 semaine ....

....

....

....

– 1 mois ....

....

....

....

....

– 1 an ....

....

....

....

– 7 ans ....

....

....

....

Deuxième temps

Finalement, vos Ambitions (c'est-à-dire les traductions concrètes de votre Raison d'être), quelles sont-elles ?

Et de quels moyens avez-vous besoin pour les réaliser ?

Ambitions : je veux...	Et pour cela, j'ai besoin de...
La médaille olympique, je la vois	Être coaché par le coach de Liddell (le meilleur coureur)

Ambitions : je veux...	Et pour cela, j'ai besoin de...

Complétez le tableau, puis regardez vos Ambitions.

Assurez-vous qu'elles vous donnent de l'énergie et que les moyens sont écologiques pour vous, c'est-à-dire qu'ils vous ressemblent.

Si c'est le cas, laissez reposer, puis... passez à l'action !

Partie II

LA FORCE DE VOTRE SINGULARITÉ : LE LEADERSHIP CACHÉ

Si les gens savaient à quel
point j'ai dû travailler dur
pour maîtriser mon art,
ils en perdraient toute admiration.

MICHEL-ANGE

PRÉLUDE

Comme le dit cette citation de Michel-Ange, cette deuxième partie sera consacrée à la préparation.

En effet, la première partie vous a permis de clarifier votre leadership intérieur. Vous savez désormais d'où vous parlez.

Mais avant de vous exposer et de prendre la parole, il est nécessaire de se préparer et de répéter, comme un artiste qui fait ses gammes.

Cette étape, souvent minorée, est pourtant déterminante pour livrer, le moment venu, une parole impactante issue d'un orateur crédible.

Alors, comment et quoi préparer ?

Essentiel n°6
Mémoriser,
se souvenir,
tout est en nous

Essentiel n°5
Une histoire vraie,
pas du storytelling

Essentiel n°4
Le messager
est le message,
parler en se taisant

Essentiel n°4

LE MESSAGER EST LE MESSAGE, PARLER EN SE TAISANT

À qui peut se vaincre soi-même,
il est peu de choses qui puissent résister.

LOUIS XIV, *MÉMOIRES*

LE DISCOURS D'UN ROI

Le coaching que dispense Lionel Logue dans ce film est pour le moins atypique. C'est sans doute pour cela qu'il m'inspire autant. Instaurant une relation d'égal à égal et un échange franc et direct avec son client, le coach réussit là où les approches plus traditionnelles échoueraient. C'est aussi cela que je souhaite apporter dans mes accompagnements.

C'est laborieux, douloureux, voire gênant.

Nous sommes en 1925 et le roi George V règne sur un quart de la population mondiale. Son deuxième fils – le duc d'York – prononce le discours de clôture de l'exposition impériale à Wembley, en Angleterre.

Il n'arrive pas à aligner deux mots d'affilée. Son bégaiement est une souffrance pour lui et pour l'auditoire. Un moment pénible et humiliant.

Nous sommes plongés, dès le début du film, au cœur du sujet.

Dix ans plus tard, nous retrouvons le duc, surnommé Bertie, en train de consulter des professionnels pour dépasser son handicap. Les méthodes vont des plus farfelues, comme parler avec une dizaine de billes dans la bouche, aux plus simples mais inefficaces, comme reprendre la cigarette. Rien ne semble convaincant.

Jusqu'au jour où la femme de Bertie rencontre un certain Lionel Logue. Ce personnage mystérieux, hors norme, ne se laisse pas impressionner. Alors qu'elle insiste pour que Lionel vienne au domicile du duc, Logue annonce la couleur : *C'est moi qui fixe les règles du jeu [...] Ma méthode ne fonctionne que si je traite en confiance et d'égal à égal, ici, dans mon cabinet de consultation. Aucune exception.*

Elle se laisse convaincre, et voilà Bertie devant Lionel pour sa première séance.

Les résistances sont nombreuses. Lionel tente notamment, mais sans succès, de lui faire parler de ses souvenirs d'enfance. Il finit par lui lancer un défi : *Je vous parie que vous pouvez lire couramment ici, maintenant. Si je gagne mon pari, j'ai le droit de vous poser d'autres questions.*

Nous en reparlerons plus en détail à la séquence suivante sur l'extrait. Mais Lionel réussit, à sa manière, à convaincre Bertie de travailler avec lui.

En 1936, le frère aîné, David, hérite du trône. La femme qu'il aime est une divorcée, ce qui n'est pas vraiment conforme à l'étiquette pour une reine consort. Dilemme ! D'un caractère autoritaire, se moquant de la diction de son frère et du handicap que cela pourrait constituer pour un roi, David décide finalement d'épouser sa compagne et de renoncer au trône. Bertie est son successeur et deviendra le roi George VI.

Entre-temps, entre Lionel et le duc, la relation s'approfondit.

Alors qu'au départ, il ne voulait que des solutions mécaniques à son problème d'élocution, Bertie finit par se livrer sur son histoire.

— *J'avais peur de mon père*, dit-il.

— *Avez-vous toujours été droitier ?* lui demande Lionel.

— *Non, gaucher. J'étais puni*, lui rétorque Bertie.

La liste des contrariétés, puis des brimades s'alourdit.

J'ai eu les genoux cagneux et j'ai dû porter des plaques de métal... La première gouvernante ne m'aimait pas.

Parfois, elle le privait de nourriture, et ses parents ont mis trois ans à s'en rendre compte.

Son jeune frère Johnny est mort... caché aux yeux du monde, etc.

Plus tard, Lionel, en confiance avec Bertie, lui glissera : *Ce n'est plus la peine d'avoir peur comme quand vous aviez cinq ans. Vous êtes votre propre maître, Bertie.*

Mais ça y est, il est roi désormais.

Il prépare avec Lionel la cérémonie d'investiture, où il doit prononcer quelques mots.

Devant les officiels, qui lui demandent qui est réellement ce Lionel, il est pris d'un doute soudain.

Après tout, il ne sait rien de lui. Il n'est pas docteur, n'a pas de certifications particulières, pas de diplômes. Et s'il n'était qu'un imposteur ? Et s'il avait instrumentalisé le bon client qu'il est juste pour se mettre en valeur, lui ?

Lionel commence par botter en touche, puis se livre enfin.

C'est vrai qu'il n'a pas les diplômes officiels. Mais son histoire sort des sentiers battus.

Il n'est pas médecin. En réalité, il est acteur. En Australie, son pays d'origine, il allait réciter des textes dans des pubs et donnait des cours d'élocution.

Lors de la Première Guerre mondiale, les soldats rentraient traumatisés, incapables de parler. On lui a dit : *Puisque l'élocution est ton truc, vois ce que tu peux faire pour eux.*

Au début, il a commencé par des exercices techniques, mécaniques de relâchement musculaire. Mais, très vite, il s'est aperçu que cela ne suffisait pas, car personne ne les pratiquait réellement. Le vrai problème était ailleurs.

Il m'a fallu leur redonner confiance en leur voix, en leur montrant qu'un ami les écoutait. Je suppose que ça vous évoque quelque chose, Bertie, lance Lionel à George VI, qui est à deux doigts de le congédier, car il doute de sa légitimité.

D'ailleurs, le roi se met en colère : *Tromperie ! Vous m'avez trompé.* Lionel le fait enrager, et son patient donne de la voix, à tel point qu'on l'entend dans toute l'abbaye où doit avoir lieu la cérémonie d'investiture. Enfin, sa voix porte ! Lionel a gagné, et Bertie lui renouvelle sa confiance.

En septembre 1939, le Royaume-Uni est en guerre contre l'Allemagne nazie. Lionel rejoint Bertie (le roi George VI) pour son discours radiodiffusé. Il lui prodigue ses derniers conseils : *Valsez, bougez, restez dans le mouvement…*

Et puis, quelques secondes avant le discours :

Oubliez tout le reste et dites-le pour moi.

Pour moi seul.

Comme à un ami.

Le discours est excellent.

L'histoire – la vraie – raconte que Lionel et le roi sont restés amis jusqu'à la fin.

EXTRAIT DU FILM

Nous l'avons dit plus haut : Lionel lance un défi à Bertie. C'est presque une provocation si l'on se réfère à son niveau d'élocution du moment.

Je vous parie que vous pouvez lire couramment ici, maintenant. Si je gagne mon pari, j'ai le droit de vous poser d'autres questions.

Bertie accepte le principe.

Lionel lui donne la fameuse tirade d'*Hamlet* : *Être ou ne pas être…*

Bertie bute sur chaque syllabe…

Voyez ! J'en suis incapable ! lâche-t-il.

Mais Lionel n'a pas dit son dernier mot.

– Je vais enregistrer votre voix, et ensuite je vous la ferai écouter sur le même appareil.

Au même moment, il lui tend un casque à mettre sur les oreilles et qui diffuse de la musique.

– *Comment puis-je m'entendre parler ?* lance Bertie

Lionel lui rétorque, non sans ironie :

– *Voyons, le cerveau d'un prince sait forcément ce que fait sa bouche.*

Pendant que Bertie lit, Lionel enregistre sa voix.

Au bout d'une minute, Bertie arrache son casque : *C'est sans espoir !*

Lionel rétorque : *Vous étiez superbe !*

Mais Bertie veut s'arrêter là.

Avant son départ, Lionel réussit à lui donner le disque de l'enregistrement de sa voix durant l'exercice.

Plus tard, chez lui, Bertie écoutera cet enregistrement. Le texte est lu de manière limpide. Lionel a gagné son pari.

Le travail peut commencer.

LA LEÇON DE BERTIE

Dans ce film, la grande histoire rejoint la petite.

L'histoire d'une nation qui va se battre contre le nazisme rencontre celle d'un homme qui dépasse ses blocages intérieurs pour se libérer et être à la hauteur de sa fonction.

Il se libère des brimades reçues pour se trouver et incarner le Royaume-Uni, symbole de la liberté.

Mais, pour cela, Bertie devra passer par différentes étapes, à commencer par reconnaître qu'il ne se résume pas à son statut de victime. Qu'un autre Bertie, qui ne bégaie pas, existe réellement et qu'il peut lui redonner vie.

Dans notre extrait, nous l'observons d'abord réciter son texte en bégayant. Puis la séquence se conclut par cette sentence définitive de Bertie : *Voyez ! J'en suis incapable !* Sous-entendu : Je vous l'avais bien dit !

Il s'est tellement identifié à sa limite, il a tellement épuisé de professionnels aux méthodes farfelues et inefficaces que, quelque part, cette sentence lui fait du bien : elle confirme son identité extérieure, visible de tous.

On pourrait faire une analogie avec le fameux plafond de verre. On ne se croit pas capable d'atteindre tel niveau hiérarchique ni de réaliser tel projet. Or, j'ai constaté, dans l'exercice de mon métier de coach et dans ma vie personnelle, que ce plafond est constitué d'une multitude d'injonctions et de croyances limitantes, d'autant plus fortes que, si on les écoute, elles se donnent raison ! À la moindre défaillance, une petite voix nous susurre : « Tu vois. J'te l'avais bien dit ! »

Il faut aussi regarder en face les bénéfices secondaires que l'on peut avoir à rester sous ce plafond et à écouter nos interférences nous limiter. Finalement, prendre davantage de responsabilités n'est pas de tout repos : en ai-je vraiment envie ? Dans notre film, Bertie ne s'est jamais imaginé prendre la place de roi.

Mais Lionel a remarqué une autre facette chez son client. Certes, il y a toute une série de blessures et de vexations qui créent quand il parle de la « friture sur la ligne », mais il existe un jeune Bertie qui sait parler normalement et qui est toujours là, caché au fond de lui. En tout cas, c'est ce qu'il pressent.

Et ce jeune Bertie intérieur ne peut exister que si on lui fout la paix.

Justement, cette musique dans le casque vise à l'empêcher de s'entendre parler, donc de se juger. Elle permet de faire ressortir son être essentiel. Elle vise à neutraliser les coups que sa voix intérieure lui assène. Cette voix qui a intégré les jugements de ses bourreaux d'hier : son frère, sa gouvernante, etc.

Lui, qui n'a pas pu être lui-même, peut désormais s'affranchir de toutes les critiques internes et avancer à découvert.

Son bégaiement est le reflet de tant d'interférences, de tant de traumatismes. Et, l'espace d'un instant, il s'offre le luxe de les faire taire.

Oui, mais voilà.

Il ne l'entend pas ainsi.

Il n'y croit pas.

Il arrache son casque et dit : *C'est sans espoir !*

Ses blessures sont tellement intériorisées qu'il ne peut imaginer s'en libérer de la sorte. Il ne s'entend pas et continue à se juger.

Il n'a pas confiance en lui, pas plus qu'en Lionel, qui tente, au contraire, de le rassurer : *Vous étiez superbe !*

Or, le résultat est là : il ne bégaie plus lorsque son cerveau est neutralisé par la musique.

Ses blessures n'ont pas entaché son être profond, resté intact.

Lionel l'a entendu : désormais, il sait.

Bertie ne l'entendra que plus tard. Et ce sera son point de bascule. Il connaîtra alors le sens du chemin : se réunifier en partant de son centre.

À la fin du film, une fois devenu roi, lors de son discours radiodiffusé contre l'Allemagne nazie, il fait la démonstration de la pleine réussite de son travail avec Lionel.

C'est un Bertie unifié, congruent, parlant d'une voix profonde, la sienne. La voix d'un homme qui s'est libéré, qui s'est trouvé, qui s'est accepté.

La voix qui annonce, par l'entremise de son propre travail sur lui, la libération future et inéluctable de tout un peuple face à la barbarie.

Pour cela, il a osé regarder en face ses blessures. Il n'a pas contourné mais traversé son histoire pour limiter ses interférences.

La nation entend le texte du discours et les mots choisis qu'il emploie, bien sûr. Mais, derrière chaque intonation, elle décèle des harmoniques authentiques, une puissante détermination palpable, le travail d'une vie.

Au-delà du message, elle ressent la solidité de l'homme qui a fait tout ce chemin, qui est lui-même le message.

COACHING

Des études publiées en 1967 par le professeur américain Albert Mehrabian relatent que, dans la transmission d'un message verbal, le sens des mots ne compte que pour 7 %[1].

La voix et la tonalité impacteraient pour 38 %, et la partie visuelle, pour 55 %.

Même si ce genre d'étude est toujours discutable – et je crois qu'elle l'a été –, celle-ci révèle, me semble-t-il, une vérité pro-

1. Mehrabian, Albert, et Ferris, Susan R., « Inference of Attitudes from Nonverbal Communication in Two Channels », *Journal of Consulting Psychology*, vol. 31, n° 3, juin 1967.

fonde : le premier à être jugé par le public n'est pas le discours, mais l'orateur.

Or, dans la majorité des cas, les personnes qui préparent un discours commencent par s'occuper de ce qu'elles vont dire.

Ce n'est pas le sujet. Ce n'est pas le sujet !

Pas pour le moment.

Car le meilleur des discours venant d'un personnage peu crédible ne convaincra jamais personne.

C'est du messager qu'il faut s'occuper en priorité, et de lui seul. En tout cas, dans un premier temps.

Si vous observez une personne en train de pitcher, par exemple, vous verrez très vite si le texte sonne juste. J'emploie à dessein un vocabulaire auditif. Est-ce que ça sonne juste, venant de cette personne ? Les mots sont-ils alignés avec ce que je perçois d'elle ? Le ton et les harmoniques me parviennent-ils sans encombre ou est-ce laborieux ? Je ne parle pas encore du contenu ni de l'histoire. Cela, nous le verrons plus tard. Non, je parle uniquement de la mélodie.

Les enfants sont experts, dans ce domaine, pour percevoir les notes sous-jacentes. C'est nous, les adultes, qui par la suite compliquons les choses. Les enfants savent très bien si l'on rigole ou pas, si c'est sérieux, parce que nous sommes crédibles, ou si c'est « pour de faux ». Et d'ailleurs, ils en jouent très bien.

De la même façon que tels vêtements et telles couleurs vous conviennent davantage, admettons que certains mots ou idées ne nous vont pas spontanément comme un gant.

Et si nous butons sur ces mots à prononcer, c'est peut-être qu'ils ont une résonance particulière dans notre histoire ou qu'ils sont plus ou moins alignés avec notre singularité intérieure.

Reprenons notre exemple.

Vous avez découvert votre Génie propre et révélé votre Raison d'être, et vous pitchez justement sur ce qui, actuellement, vous passionne le plus dans votre projet.

Ce que vous dites est vrai. C'est intéressant. Mais ça ne s'imprime pas.

Les mots que vous utilisez viennent encore de votre mental. Ils ne sont pas redescendus vers vos tripes. Ils ne sont pas vôtres. En fait, il reste des incompréhensions en vous, et ça s'entend !

Quelque chose n'a pas été complètement bouclé, n'est pas totalement fluide. Même de façon subtile, vous bégayez : ça ne sort pas comme il se doit.

De ce point de vue, j'aime bien l'approche dite du *coaching de clarification* développée par Jean-Christophe Vidal[1].

Son postulat est que l'être humain est un être de relations, dont le besoin fondamental est d'être compris par les autres et de les comprendre, tant au niveau cognitif qu'émotionnel.

Nos blocages prennent donc leur source dans les incompréhensions et les malentendus qui, à leur tour, perturbent nos relations.

Mis bout à bout, ces non-dits nous empêchent in fine d'aborder certains sujets gênants, et notre vision de la réalité s'en trouve donc déformée ou incomplète. Ce sont ainsi les non-dits qui entretiennent le problème.

La clarification a pour objectif essentiel de dissiper les malentendus en bouclant les cycles de communication inachevés[2].

1. Jean-Christophe Vidal, *La Clarification pour les coachs et les managers. Ce sont les non-dits qui maintiennent les problèmes*, Eyrolles, 2022.
2. *Ibid.*, p. 22.

Tant que nous ne sommes pas complètement compris, et cela inclut la dimension émotionnelle, tant que tous les non-dits ne sont pas clarifiés, alors nous rejouons en permanence les mêmes idées, nous bégayons à nouveau. La boucle n'est pas bouclée. De même, ce que nous ne comprenons pas nous parasite et finit par créer des interférences.

L'idée est donc d'aller chercher à dénouer ce qui interfère en nous et pollue notre message.

Comme dit le poète[1] : *Tes actes parlent si fort que je n'entends pas ce que tu dis.*

C'est tout à fait cela !

Et les actes, ici, sont par exemple notre gestuelle, nos mimiques, notre intonation.

Tant que nous ne serons pas unifiés un tant soit peu, tant que nous ne mettrons pas un minimum de conscience dans notre histoire, nous resterons pris en otage par nos boucles non bouclées.

Et le public n'entendra que cela.

Un autre exemple.

Parfois, des personnes brillantes développent le syndrome de l'imposteur, qui les empêche de donner leur maximum en public. Il faut débusquer ce syndrome pour ce qu'il est réellement, sinon le même scénario se rejouera en toutes circonstances. Que se cache-t-il derrière ce handicap ? D'où vient-il ? Par qui est-il arrivé dans ton histoire ?

Clarifier pour s'en libérer.

Et, une fois libéré, le personnage que j'incarne devient plus simple, plus pur, plus net, donc impactant.

1. Citation attribuée à Ralph Waldo Emerson, essayiste, philosophe et poète américain (1803-1882).

Le messager est le message !

Une autre scène, lors d'un entretien de recrutement.

Comme candidat, vous avez préparé ce que vous alliez dire. Vous connaissez le secteur et les dates clefs de l'entreprise. Vous savez que vous devrez vous présenter en quelques minutes en déroulant votre CV.

C'est très bien ! Mais ça n'est pas là-dessus que vous serez jugé.

Si vous n'aviez pas le minimum requis, vous ne seriez pas là, devant le recruteur. Donc, maintenant, c'est le messager que l'on attend. Et lui seul. Qu'est-ce qui émane de lui ? Est-il cohérent ? Peut-on se fier à lui ?

Voilà quel doit être le fruit de votre travail à cette étape.

Et repensez à ce conseil de Lionel Logue au roi George VI juste avant son allocution :

Oubliez tout le reste et dites-le pour moi. Pour moi seul. Comme à un ami.

Vous habitez l'instant présent.

Totalement.

L'impact passe par là.

EXERCICE

Avant de prendre la parole en public, dans la phase de préparation, faites le point avec vous-même.

Puisque *le messager est le message*, assurez-vous que vous parlez en étant connecté à vous-même, en plein cœur, dans l'instant présent.

Or, notre mental a trois stratégies, trois fenêtres d'évasion pour nous tirer hors de ce temps et nous faire perdre en impact.

Regardons-les de plus près.

3 fenêtres d'évasion

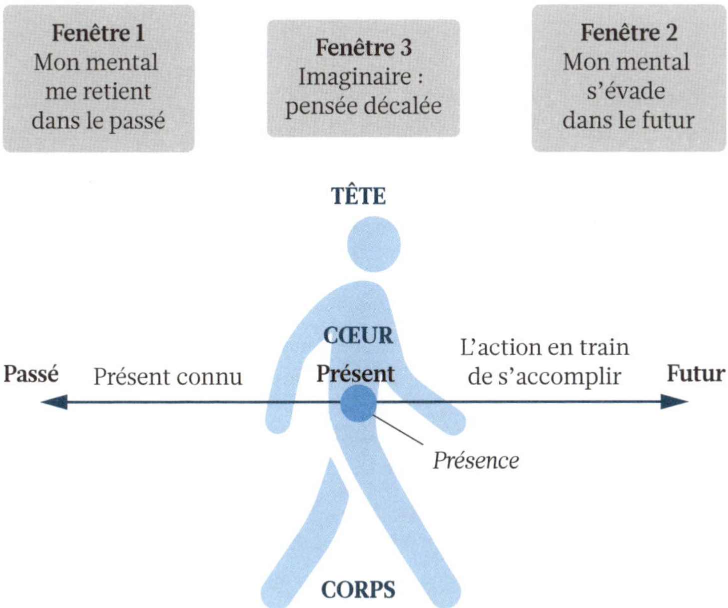

Fenêtre 1

Mon mental m'entraîne dans le **passé**, sur un élément que je n'accepte pas.

- Comme pour Cyrano, qui n'accepte pas son nez (avant de le transformer en atout), cela peut être, chez moi, un complexe physique, un aspect que je n'aime pas (ma voix, ma posture...) ; un trait de caractère que je redoute, une croyance limitante à mon sujet : *Je suis toujours nul à l'oral*, etc.

- Un élément lié aux autres, à mon public : peut-être vais-je devoir prendre la parole devant un auditoire que je connais et avec lequel j'ai déjà eu une expérience difficile. Si je ne purge pas cet évènement antérieur douloureux, il risque de me paralyser sérieusement à présent.

- Enfin, je peux redouter d'être confronté à des aspects liés à l'environnement au sens large : physique, économique, politique... Concernant l'environnement physique, si vous devez intervenir à l'oral dans un lieu qui vous angoisse, vous aurez un bénéfice immense à ôter vos appréhensions à ce sujet avant votre prise de parole, par exemple en allant repérer les lieux au préalable. Sinon, le public n'entendra que ça.

Fenêtre 2

Mon mental peut s'évader aussi dans le **futur**, dans une sorte d'anticipation anxieuse de l'après.

Nous retrouvons les mêmes ingrédients, mais colorés cette fois-ci avec la crainte de l'échec. Quelques situations typiques :

- Parfois, nous sommes le juge le plus sévère qui soit pour nous-mêmes. Nous visons un tel degré d'exigence de réussite que nous nous condamnons à échouer. Ce sont des phrases du type : *Je dois être au top, sinon...* ; *Je ne réussirai jamais à...* La porte de sortie d'une telle impasse est facilement trouvable : elle consiste à clarifier ce que vous voulez obtenir de façon réaliste et à objectiver les éventuelles conséquences d'un échec afin d'être serein.

- Vous devez prendre la parole et vous savez qu'au premier rang sera assise une personne que vous redoutez. Votre mental se fait un tas de scénarios à ce sujet, qui vont finir par vous fragiliser.

- D'autres raisons externes peuvent créer du doute, la plus classique étant la situation économique, qui n'est jamais celle que l'on souhaite et qui incite à la prudence. On décide alors de reporter une réorientation professionnelle et l'on n'ose pas en parler, même en interne, alors que l'on nous demande nos perspectives d'évolution.

Fenêtre 3

Une troisième fenêtre d'évasion peut se situer dans notre **imaginaire**.

- Je prends la parole : physiquement, je suis là, mais pas vraiment engagé dans ce que je dis. On dirait que je suis un peu « au balcon ». Je m'écoute parler ou je pense à autre chose, et cela se sent. Peut-être que je ne suis pas assez intéressé par mon message ou que l'enjeu de ma prise de parole n'est pas assez clair ou élevé.

Antidote

Quelle que soit ma fenêtre de sortie, l'antidote est toujours le même : il vise à revenir à soi dans l'instant présent et à réaffirmer mon intention. En vue de quoi je prends la parole ? Qu'est-ce que je veux vraiment ? En quoi ce que je transmets est important pour moi et pour ceux qui m'écoutent ?

Pour cela, entraînez-vous à répéter à voix haute, nommez ce qui bloque et situez-le sur le schéma.

En fait, ça ne devrait pas être à moi de faire cette présentation ! me dit un jour une femme que j'accompagne.

Ce n'est pas la peine de commencer à travailler sur le contenu de son intervention. Il faut d'abord s'attaquer à cette décision antérieure qu'elle estime injuste, à ce nœud qui la maintient dans le passé.

Une fois que la personne aura été complètement comprise quant à son problème spécifique qui la bloque, ce parasitage mental disparaîtra et la préparation de son intervention se fera naturellement.

L'acceptation active de ce qui nous maintient dans le mental dissout immédiatement ses effets nocifs et nous ramène dans l'instant présent.

Si, par exemple, votre caractère hypersensible est un handicap à première vue pour certaines prises de parole, vous pouvez en faire un atout majeur pour capter le public si vous réussissez à dompter vos antennes émotionnelles.

Plutôt que de subir votre hypersensibilité, faites de vos capteurs une aide concrète. Donnez-leur intentionnellement la mission d'aller chercher des informations utiles et subtiles qui vous aideront : *Le public décroche-t-il ? Je vais lui raconter une anecdote.* Ou bien : *Cette salle est grande, je vais bouger pour occuper la scène.*

Alors, la prochaine fois que vous vous entraînerez à une prise de parole, repérez ce qui bloque en vous. Situez-le sur le schéma. Et acceptez-le. Si, si ! Faites comme si vous souhaitiez qu'il en soit ainsi.

Et voyez ce qu'il se passe.

Se plonger dans le présent n'est possible qu'en s'acceptant soi-même et en acceptant les conditions (passées) et les conséquences (futures) de son action.

3 fenêtres d'évasion

Fenêtre 1 Mon mental me retient dans le passé	**Fenêtre 3** Imaginaire : pensée décalée	**Fenêtre 2** Mon mental s'évade dans le futur
•	•	•
•	•	•
•	•	•
•	•	•
•	•	•

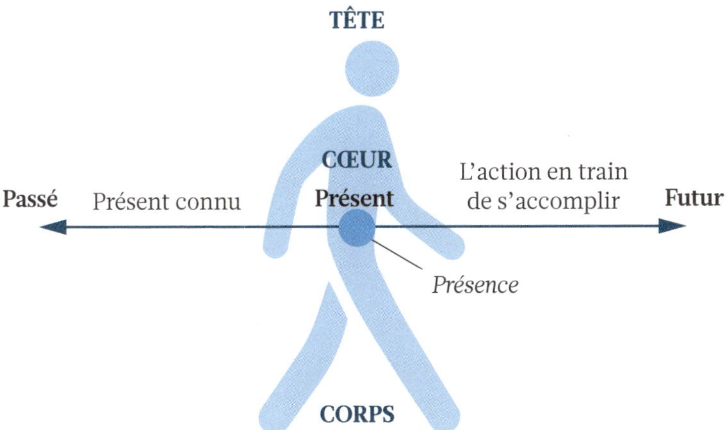

Essentiel n°5

UNE HISTOIRE VRAIE, PAS DU STORYTELLING

Ce qui se conçoit bien s'énonce clairement,
et les mots pour le dire vous viennent aisément.

BOILEAU

LA VIE EST BELLE

Ce film est pour moi un chef-d'œuvre. Nous l'aborderons ici sous l'angle de l'histoire à raconter lorsque nous préparons une prise de parole. Cependant, il va bien au-delà, évidemment.

Néanmoins, notre manière d'interpréter ce qui nous arrive et de le raconter aux autres m'apparaît de plus en plus essentielle.

En coaching, nous parlons de recadrage pour permettre au client d'opérer un changement de regard sur sa situation. Ce film nous invite à adopter un autre regard sur la vie, voilà tout.

Cette histoire est simple, et pourtant elle n'est pas facile à raconter. Comme un conte, elle est douloureuse, et comme un conte, elle est pleine de merveilleux et de bonheur.

Ainsi commence le film.

Ce n'est donc pas un film historique, mais une fable qui, s'inspirant de faits tragiques, a quelque chose à nous dire sur nous-mêmes.

Nous sommes en Italie, en 1938.

Guido est un juif italien exubérant et plein de vie.

Son rêve ? Ouvrir un jour une librairie.

Pour le moment, il est serveur et joue avec les plats comme avec ses clients.

Il fait le clown ? Oui, un vrai, celui qui révèle la bêtise des gens sérieux. Comme cette fois où il se fait passer pour un inspecteur d'académie pour revoir Dora, une jolie femme rencontrée peu de temps auparavant. Invité à commenter une affiche sur la supériorité de la race aryenne, il tourne en dérision le propos, se met en scène pour incarner l'absurdité de la thèse et finit par faire rire la classe entière.

En parallèle de la joie de Guido et de son amour naissant avec Dora, le film nous dévoile doucement la montée des lois anti-juives, par exemple lorsque son oncle retrouve son cheval tagué avec le message : *Achtung cheval juif*. Contraste saisissant.

Et puis nous sommes invités à effectuer un saut temporel.

Nous retrouvons, quelques années plus tard, Guido, sa femme Dora et leur fils Giosué.

La violence se rapproche.

Guido a toujours sa joie de vivre chevillée au corps. Et son rêve de librairie est exaucé.

Un jour, son fils lui lit ce qu'il voit écrit sur la vitrine de la boulangerie : *Entrée interdite aux juifs et aux chiens.* Mais, fidèle à son tempérament, Guido joue avec les mots et avec la situation, qu'il dédramatise pour ne pas alimenter la peur.

Mais le drame arrive.

Guido, son fils et son oncle sont arrêtés avec d'autres et intégrés à un convoi de prisonniers.

Ils sont emmenés jusqu'à une gare, où on les fait monter dans un wagon.

Dora s'entretient avec un chef allemand : *Moi aussi, je veux prendre ce train*, dit-elle.

L'officier tente de l'en dissuader, mais, devant son insistance, il arrête le train et la fait monter.

Nous basculons dans un autre univers. L'univers du camp.

Malgré la tragédie dans laquelle il vient de tomber, Guido garde son esprit d'avant et s'adresse à son fils : *Giosué, tout ça est un jeu.*

À ce moment-là, les femmes doivent se séparer des hommes pour être emmenées dans un autre bâtiment.

Guido et Giosué arrivent dans leur dortoir, rempli d'hommes en pyjama rayé.

Oui, tout ça est un jeu, répète Guido. *Et celui qui gagne le premier prix remporte un char d'assaut, un vrai. Et, pour ça, il faut obtenir mille points.* Le petit garçon a les yeux qui brillent.

Chaque jour qui passe, le père raconte à son fils qu'il a gagné tant de points, qu'ils sont premiers, mais qu'il ne faut surtout pas le dire. Qu'il doit être patient et respecter les consignes qu'il lui donne.

Au milieu de cette horreur, Guido n'oublie pas sa femme, Dora, à qui il voue un amour sans limites.

Comme ce moment émouvant où, avec son fils, il se saisit d'un micro qui diffuse dans l'ensemble du camp.

Bonjour, ma princesse [...] Je pense sans arrêt à toi, ma princesse.

Le visage de sa femme s'illumine.

Plus tard, dans le même registre, il diffusera un disque d'Offenbach, *Belle nuit, ô nuit d'amour*, qui leur rappellera le temps de leur rencontre.

Autant de moments poétiques, telle une oasis au milieu de l'enfer.

La guerre semble toucher à sa fin. Et les Allemands paniquent.

Guido tente de partir.

Va te cacher là, Giosué, on a presque gagné.

Le gamin se planque dans une sorte de grosse boîte aux lettres.

Pendant ce temps, il part chercher Dora.

Il se déguise en femme, escalade un mur, et...

Et il se fait remarquer.

Un soldat l'emmène.

Une dernière fois, Guido passe devant la cachette de son fils, qui le voit. Le temps de lui faire un clin d'œil.

Et il est abattu froidement, comme un chien.

Après une demi-seconde de silence, l'image suivante projette le camp dans une autre dimension : ça y est... la guerre est finie !

Les prisonniers sortent, hébétés, les uns après les autres.

Le jeune Giosué quitte sa cachette.

Et l'impensable arrive : un char américain entre dans le camp.

C'était vrai, alors ! dit Giosué.

En redescendant sur la route, il retrouve sa maman.

Maman, on a gagné, on a mille points !

EXTRAIT DU FILM

Nous avons été prévenus dès le début du film.

Cette histoire, comme un conte, est à la fois douloureuse et pleine de merveilleux. Et les deux s'entremêlent.

Lorsque Guido et son fils arrivent dans le dortoir avec tous les autres, un gradé débarque et demande un volontaire pour traduire de l'allemand les règles du camp.

Guido lève le bras.

— *Tu parles allemand ?* lui demande l'un de ses codétenus.

— *Non*, répond-il.

Et là, il improvise en singeant la voix et les gestes brutaux du soldat allemand.

Tous ceux qui se plaignent n'auront pas de goûter.

Guido donne les règles de son jeu pour gagner le char d'assaut.

Pour gagner le jeu, il faudra obtenir mille points.

Mille points ! reprend son fils, complètement absorbé par la prestation de son père.

Moment suspendu, absurde, comique et tragique à la fois.

On ne va pas s'ennuyer, je te l'avais dit ! annonce Guido à son fils à la fin de l'exercice.

Voilà, le jeu est lancé. Le message est clair : jouer le jeu, gagner mille points et obtenir un véritable char d'assaut, le rêve de Giosué.

LA LEÇON DE GUIDO

Il peut vous sembler paradoxal que ce chapitre soit titré : *Une histoire vraie, pas du storytelling*.

En effet, ce film est une fable, et l'histoire que le père raconte à son fils n'est pas vraie, du moins à première vue. L'horreur du camp, l'absurdité des ordres, la violence, la déshumanisation... On est loin du jeu.

Néanmoins, au cœur de cet enfer, Guido arrive à trouver du sens. Et son message est clair et vrai. On pourrait le résumer ainsi : *l'amour est plus fort que tout*.

Un message qui a comme premier effet de préserver son fils à tout prix de toutes ces atrocités. Contre le découragement, cette histoire favorise la ténacité. Contre la bêtise, elle suscite l'humour. Et puis elle est accrochée au rêve de Giosué. Un véritable char d'assaut, c'est concret, donc imaginable. Dans les moments de doute, il pourra s'y raccrocher.

L'amour est plus fort que tout et permet toutes les audaces.

L'improvisation dans le dortoir, pour traduire les règles du camp, il fallait quand même oser !

Remarquons que notre clown ne discute pas les règles. Il les torpille. Prenant place à côté du soldat, il tourne en ridicule l'Allemand à son insu. De facto, il ouvre une brèche chez son fils et les détenus : *une autre histoire est désormais possible, puisque vous l'avez vécue avec moi* semble-t-il leur dire.

Face à l'absurde, trouver du sens.

Et là, il tape haut et fort : *L'amour est plus fort que tout.* Un message principal, qu'il ne va pas formuler de façon extérieure, comme pourrait le faire un professeur. Non, une fois de plus, il l'incarne. Il est le message.

Chaque instant de sa vie, depuis le début, a été vécu comme une improvisation. Devant chaque évènement, il a rebondi, joué, avancé joyeusement. Sa croyance en *l'amour plus fort que tout* guide ses attitudes et ses actes, si bien qu'il ne se laisse jamais enfermer, quelle que soit la situation, même sans issue apparente.

Devant chaque obstacle, sa réponse sera d'improviser par amour et en direction de l'amour. Que ce soit avec Dora, qui deviendra sa femme, avec son rêve de librairie, et là, au milieu de l'horreur, en préservant son fils.

Alors, oui, il a su trouver du sens en racontant une histoire. Et quelle histoire !

Dans le film, c'est une histoire improvisée à partir du matériau réel de la vie de Guido. C'est-à-dire que les chapitres s'écrivent en fonction des évènements.

Il n'avait pas prévu, et encore moins voulu ce qui est arrivé, mais il a su tirer parti de chaque situation, et ce, pour une raison simple : il est très clair sur son message (l'amour est plus fort que tout), et celui-ci est vrai.

Ce message, in fine, c'est tout ce que retiendra le public – ici, son fils, sa femme et, dans une certaine mesure, ses codétenus.

Et puis, on l'a dit, cette histoire lui ressemble.

Guido est exubérant, joyeux et optimiste de nature. Il est fantasque et amoureux de la vie. Cette fable qu'il invente dans le camp est à son image.

Aurait-il pu incarner un autre message ? On ne le saura jamais. Mais une chose est certaine : toute sa vie a été comme une préparation à ce moment ultime. Il n'a eu qu'à puiser en lui, et tout le reste s'est mis en mouvement.

Même à un moment critique, où Giosué n'en peut plus d'être enfermé dans ce camp et dit à son père : *Je veux rentrer à la maison maintenant, j'en ai assez !*

Alors, Guido, faisant mine de sortir du dortoir, lui dit : *Tant pis, ce n'est pas grave, on ne gagnera pas le char d'assaut. On est premiers, mais puisque tu veux rentrer. On aurait pu rentrer en char d'assaut, mais du coup, on prendra le bus !* Le gamin se rétracte, le pari est gagné. Quel clown, quelle réactivité ! Ce n'est pas une analyse ni un élément de langage prévu, non !

Guido danse autour de son message, il improvise et il aime son public.

L'amour est plus fort que tout.

COACHING

En entreprise, avant de prendre la parole en public, la condition préalable est de connaître parfaitement son sujet. Il n'y a pas de discours authentique et crédible possible si l'on ne maîtrise pas les données de son exposé. Et ce, avant même de vouloir créer un narratif.

Dans l'exemple du film, le sujet en question est l'amour de la vie de Guido. Il est comme ça, il connaît donc parfaitement sa thématique. De façon naturelle, si j'ose dire.

Mais, dans votre vie professionnelle, avant une intervention en public, vous devez parfois aller à la pêche aux informations. Qu'est-ce que je suis censé connaître que je ne sais pas encore ? Comment obtenir les données ? Être comme une antenne parabolique en quête de réception, voilà le secret.

Il n'est pas certain que vous aurez besoin de tout, finalement, mais s'il vous manque des informations clefs, une partie de votre cerveau sera obnubilée par l'idée d'être interrogée là-dessus. C'est le syndrome du trou dans la raquette. Allez donc chercher le maximum d'informations dès le départ.

Ensuite, la deuxième condition pour la préparation d'une parole efficace, c'est de prendre conscience du message principal de votre intervention.

Je parle bien du message, c'est-à-dire le fil rouge de votre intervention, et non pas de ce que vous allez dire, puisque à priori vous n'allez pas apprendre par cœur votre discours comme on réciterait une poésie.

L'important n'est donc pas ce que vous allez dire, mais avec quoi repartira votre public à l'issue de votre intervention. Que gardera-t-il en mémoire ?

Je m'explique avec un exemple. Vous êtes à un spectacle, avec un ami. C'est la fin, le rideau tombe, et spontanément vous vous tournez vers lui pour lui dire : *Ah, c'était vraiment (émouvant, passionnant) ; j'ai aimé...* Vous partagez avec lui une émotion et un avis, au minimum.

Eh bien, qu'aimeriez-vous que votre public se dise à l'issue de votre prise de parole ? Si vous parvenez à formuler cela clairement, vous tenez le message clef de votre intervention, l'arête dorsale de votre histoire. Ensuite, vous y ajouterez trois ou quatre éléments de démonstration, éventuellement quelques chiffres ou d'autres informations, mais le message que retiendra l'assistance, c'est la trame principale.

Vous ne pourrez pas rebondir, improviser, dépasser votre trac ou tout simplement impacter votre auditoire si votre fil conducteur est encore flou pour vous.

Et puis, de toute façon, votre public retiendra bien quelque chose après vous avoir écouté, alors autant que ce soit ce que vous aimeriez qu'il pense et qu'il ressente. Soyez le scénariste de votre intervention. Tout cela se prépare en amont. C'est même le plus important.

Enfin, le troisième élément est lié au personnage que vous servez. Le personnage, c'est-à-dire vous dans votre fonction. Êtes-vous à l'aise avec le costume que vous devez endosser ?

Il y a, en effet, une histoire de résonance. On l'a vu dans *La vie est belle* : le message porté par Guido lui va comme un gant. Ça sonne juste : le personnage, c'est lui !

Alors, si je pitche sur moi ou sur un projet que j'ai intégré au point d'en être intimement persuadé, comme Guido, je serai en première ligne, totalement engagé : mes émotions vont transparaître facilement.

Je pourrai toujours travailler à ôter tout ce qui n'est pas vraiment moi, tout ce que je me raconte à moi-même et qui ne vibre pas de façon authentique. Ce sera d'autant plus utile que je serai particulièrement attendu sur cet aspect-là : on valorise aujourd'hui énormément la congruence, le fait d'être aligné « tête-corps-cœur ».

Mais, la plupart du temps, lorsque je prends la parole au titre de ma fonction, ce que je raconte ne me fait pas forcément vibrer à chaque fois. Je ne suis même pas nécessairement d'accord à 100 % avec le message que je dois livrer.

Dans ce cas, la question à se poser n'est plus : *Suis-je d'accord et authentique ?* mais : *Ai-je parfaitement compris l'histoire que je vais raconter ? Est-ce que je connais vraiment mon sujet ?*

Prenons un cas concret.

Vous devez annoncer de mauvaises nouvelles au travail. Vous n'êtes peut-être pas complètement convaincu par ces décisions à transmettre. Elles ont fait l'objet de débats avec d'autres personnes, mais votre option préférentielle n'a pas été retenue. Maintenant, vous devez défendre ce choix.

La clef est d'être clair. Visez la pédagogie. Votre objectif ? Que le public comprenne. Qu'il adhère est un autre sujet, et qui ne dépend pas que de vous. Qu'il comprenne d'abord, ensuite il se fera son opinion. Et vous, vous aurez fait votre part.

Pour résumer : à ce stade, si vous devez jouer *Dom Juan* de Molière, il n'est pas nécessaire que vous soyez un Dom Juan à la ville. En revanche, il est impératif que vous compreniez comment réfléchit le personnage. Quels sont sa psychologie, son caractère, ses désirs, sa façon de penser ?

L'exemple s'applique dans la vie professionnelle.

Vous intégrez le comité de direction de l'entreprise, par exemple. Qu'attend-on de vous dans cette fonction ? Quels doivent être vos réflexes, votre manière de penser, de parler ou de vous taire ? Si vous prenez la parole, quel est votre message principal ? Vous en êtes convaincu, tant mieux. Si ce n'est pas le cas, rendez-le cohérent avec votre fonction en vous recentrant sur les questions que je viens d'énoncer.

Mais rassurez-vous, c'est bien vous qui jouez la scène. C'est bien votre voix, votre gestuelle, votre style.

Vous n'avez pas disparu, bien au contraire.

Votre histoire est vraie, car les données que vous avancez le sont et vous vous êtes pleinement engagé à fournir le meilleur de ce qui est attendu de vous au moment donné.

Vous êtes dans le réel et engagé.

Comme Giosué découvrant le char américain, le public pourra se dire :

C'était vrai, alors !

Oui, c'était vrai.

EXERCICE

J'aimerais que vous puissiez vous entraîner à trouver le message principal d'une intervention que vous pourriez être amené à donner en public.

Pour cela, je vous propose d'étudier une fable de Jean de La Fontaine.

Fable de Jean de LA FONTAINE (1621-1695)
Le Laboureur et ses enfants[1]

Travaillez, prenez de la peine :
C'est le fonds qui manque le moins.
Un riche Laboureur, sentant sa mort prochaine,
Fit venir ses enfants, leur parla sans témoins.
Gardez-vous, leur dit-il, de vendre l'héritage
Que nous ont laissé nos parents.
Un trésor est caché dedans.
Je ne sais pas l'endroit ; mais un peu de courage
Vous le fera trouver, vous en viendrez à bout.
Remuez votre champ dès qu'on aura fait l'Oût.
Creusez, fouillez, bêchez ; ne laissez nulle place
Où la main ne passe et repasse.
Le père mort, les fils vous retournent le champ
Deçà, delà, partout ; si bien qu'au bout de l'an
Il en rapporta davantage.
D'argent, point de caché. Mais le père fut sage
De leur montrer, avant sa mort
Que le travail est un trésor.

1. *Fables de La Fontaine*, « Le Laboureur et ses enfants », livre V, fable 9.

Trois étapes sont nécessaires pour déterminer ce message.

Étapes 1

Prenez votre temps pour décortiquer le texte. Repérez les paragraphes et entourez les mots clefs. Lisez la fable trois fois de suite.

Finalement, quel est le fil rouge qui traverse toute l'histoire ? Quel est le message clef ?

Le fil rouge/message clef :

....

....

....

....

....

Étape 2

Une fois que vous l'aurez trouvé, demandez-vous quelle est la démonstration que fait le poète pour arriver à ce message. Quelles sont les trois ou quatre étapes principales de son intervention ?

– Début...

– Étape 1 ....

- Étape 2 ....

- Étape 3 ....

- Étape 4 ....

- Conclusion ....

Étape 3

Enfin, vérifiez la cohérence de l'ensemble : à l'issue de votre relecture, le fil rouge est-il toujours celui-là ? La démonstration est-elle pertinente ?

Le fil rouge/message clef :

....

....

....

....

....

Essentiel n°6

MÉMORISER, SE SOUVENIR : TOUT EST EN NOUS

L'esprit cherche,
et c'est le cœur qui trouve.

GEORGE SAND

SLUMDOG MILLIONAIRE

Outre le fait qu'il me rappelle un voyage mémorable en Inde, le pays de tous les extrêmes, ce film a une vertu pédagogique incroyable. Comment se fait-il que, parfois, nous nous souvenions très bien d'un texte, d'une musique ou d'un lieu, alors qu'à d'autres moments, ces éléments nous échappent totalement ?

En ce qui nous concerne : comment faire pour mémoriser et se souvenir de notre discours ?

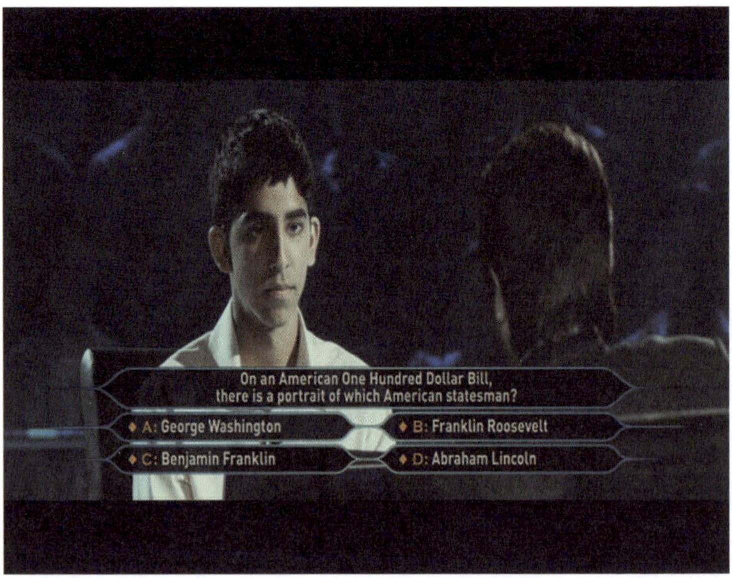

Slumdog Millionaire signifie littéralement *Le chien des bidonvilles devenu millionnaire.*

Comment Jamal Malik, issu des bidonvilles de Mumbai, est-il arrivé en finale du célèbre jeu *Qui veut gagner des millions* ?

D'où a-t-il tiré ce savoir qui lui a permis de répondre aux questions, jusqu'à la dernière, et d'empocher 20 millions de roupies ?

C'est un pouilleux, il a forcément triché ! Même les gens cultivés s'arrêtent avant, grommèle un policier lors de l'interrogatoire musclé qui vise à le forcer à avouer.

Qu'en est-il réellement ?

Le film fait des allers-retours, entre cet interrogatoire avec la police, les questions du jeu et des moments clefs de sa vie, depuis son enfance.

Par exemple, à la première question, où on lui demande le nom d'un célèbre acteur de cinéma indien, on le revoit enfant, dans les bidonvilles, lors de l'arrivée en hélicoptère de sa vedette cinématographique préférée. Bien sûr qu'il s'en souvient, de ce moment-là ! L'un de ses copains l'a enfermé dans les latrines, et lui, prêt à tout, a dû, pour sortir, sauter dans la cuve afin d'aller voir son idole et de lui demander un autographe...

Et puis sa vie à Mumbai, à trier les ordures dans une décharge, avec son frère, prend une tournure encore plus dramatique. Il a une dizaine d'années.

Un soi-disant « poète » amadoue les enfants et les réquisitionne pour en faire des mendiants à son service.

Ayant repéré que Salim (le frère de Jamal) est un fort en gueule, le poète en question en fait son homme de main. Il finit par lui demander d'aller chercher son frère pour le rendre aveugle en lui mettant de l'acide dans les yeux.

L'objectif ? Un mendiant aveugle rapporte plus ! Voilà tout.

Mais Salim refuse, lance l'acide dans les yeux de l'un des hommes de main du poète et s'enfuit avec Jamal et Latika, une petite fille dont s'est épris Jamal peu de temps avant.

Les deux frères réussissent à sauter dans un train en marche. Latika court, tente de monter, mais lâche la main de Salim.

Elle se retrouve entre d'autres mains, moins bienveillantes, celles des précédents malfrats, qui ont pour elle des projets de prostitution.

Depuis ce jour, Jamal et Salim vivent d'anarques diverses, notamment en se faisant passer pour des guides, au Taj Mahal, pour des touristes américains. Mais Jamal n'arrive pas à oublier la jeune fille.

Oui, à chaque question du jeu télévisé correspond bien un moment de sa vie.

Lorsque les deux frères retrouvent Latika, un jour, dans un bordel, surveillée par le poète d'autrefois, Salim brandit son pistolet et le tue.

Mais, après ce fait d'armes, Salim est recruté par un gang local, revient et fait de Latika sa chose promise, puis menace son frère de son revolver, un Colt 45. Pour le protéger, Latika somme Jamal de s'en aller.

À la question *Qui est l'inventeur du revolver ?* Jamal connaît la réponse : Samuel Colt. Il s'en souvient, tout simplement.

Et ce jeu, alors ? Pourquoi participe-t-il à ce jeu télévisé *Qui veut gagner des millions* ?

Jamal est serveur de thé dans un centre d'appels. Alors qu'il remplace un collègue quelques instants, il tape sur l'ordinateur le nom de son frère en vue de retrouver son amoureuse de jeunesse à travers lui.

Il finit par le revoir. Salim travaille pour un gangster de son ancien bidonville. Latika habite chez le truand.

Se faisant passer pour un cuisinier, Jamal réussit à entrer dans la maison et retrouve Latika.

Elle est maltraitée, soumise, apeurée.

Il aimerait partir avec elle.

– *Pars avec moi, Latika.*

– *Où on irait, et on vivrait de quoi ?*

– *D'amour !*

(Elle lui annonce qu'ils vont déménager.)

– *Oublie-moi !* dit-elle.

– *Je vais t'attendre à la gare Victoria, tous les après-midi, à 5 heures. Je serai là aussi longtemps qu'il le faudra. Je t'aime.*

– *À quoi ça sert ? C'est trop tard*, soupire Latika avant que Jamal ne soit mis à la porte.

Ayant perdu toute trace de sa bien-aimée, il décide de s'inscrire au jeu *Qui veut gagner des millions ?* seulement parce qu'il sait qu'elle regarde souvent cette émission. La voilà, la raison.

Alors que Jamal arrive à la dernière question du jeu, son frère, devant sa télévision, se sent soudainement honteux. Il donne ses clefs de voiture et son téléphone portable à Latika, lui demande pardon et lui permet de partir.

C'est donc la dernière question à laquelle Jamal doit répondre pour gagner le jeu, et il sèche. Il utilise l'option *l'appel à un ami* pour être aidé dans sa réponse, et appelle sur le téléphone de son frère.

Dans les rues de Mumbai, c'est l'effervescence. Le jeu est retransmis sur des écrans géants. Latika est dans les embouteillages et sort du véhicule pour regarder Jamal.

Le téléphone sonne. Il est resté dans la voiture. Elle court. Décroche. Ils se parlent.

Dans le chef-d'œuvre d'Alexandre Dumas, comme s'appelle le troisième mousquetaire ? Voilà la dernière question, celle à 20 millions de roupies. S'il se trompe, il perd tout. S'il s'arrête, il empochc la moitié.

Il prend le risque de continuer.

C'est drôle. Lorsqu'ils se sont connus enfants, Jamal, Salim et Latika se surnommaient les trois mousquetaires sans vraiment connaître le livre.

Latika ne connaît pas la réponse. Peu importe, désormais.

Au même moment, Salim tue le gangster qui l'avait recruté et s'immole avec son fric, au nom de *Dieu est grand !*

Seul avec sa conscience, Jamal répond au hasard, et gagne.

Sur le quai de la gare, Jamal et Latika se retrouvent.

– *J'étais sûr que tu regarderais*, lui dit Jamal.

– *Je croyais que seule la mort pouvait nous réunir*, lui répond Latika.

– *C'était notre destin.*

– *Embrasse-moi.*

EXTRAIT DU FILM

À la cinquième question, Jamal est devant une interrogation à laquelle, en toute logique, il ne devrait pouvoir répondre.

Sur le billet de 100 dollars figure le portrait de quel célèbre homme d'État américain ?

Lui, le petit serveur de thé, lui, le pouilleux, le moins que rien, comment pourrait-il savoir cela ?

Comment aurait-il pu toucher, ne serait-ce qu'une seule fois, à un billet d'une telle somme ?

Et pourtant, il trouve la réponse. Ou plutôt, une fois encore, il se souvient.

Retour à l'interrogatoire. L'inspecteur de police qui le cuisine et le torture a d'ailleurs du mal à déchiffrer les motivations de son hôte.

Ce qui est bizarre, chez toi, c'est que tu n'as pas l'air intéressé par l'argent.

Effectivement, là n'est pas son moteur premier.

Commence alors le flashback. Mumbai compte 19 millions d'habitants, et pourtant le jeune Jamal ne renonce pas à retrouver sa chérie au milieu de cette foule. L'âme en peine, il interroge des passants pour tenter de dépister la trace de l'élue de son cœur.

Même son frère tente de le ramener à la raison : *Oublie cette fille, c'est fini, tout ça !*

Mais sa détermination ne faiblit pas.

Jusqu'au jour où il croise un jeune mendiant de son âge. Le garçon est aveugle. Il le connaît, puisqu'il faisait partie de la bande de gamins ramassés par l'horrible poète. Seulement, lui n'a pas pu fuir : ses yeux ont été brûlés à l'acide.

Jamal a gagné un billet de 100 dollars en se faisant passer pour un guide touristique au Taj Mahal peu de temps avant. Il lui tend le billet.

Sceptique, l'aveugle lui fait préciser : *Y a quoi, sur ce billet ?*

Jamal lui décrit le portrait de l'homme.

C'est Benjamin Franklin, un billet de 100 dollars ! lui lance le malheureux.

En échange du billet, le mendiant lui indique où se trouve Latika.

LA LEÇON DE JAMAL

Finalement, comment Jamal a-t-il réussi à *gagner des millions*, ce que l'on peut voir aussi comme une allégorie pour réussir sa vie ?

Comment a-t-il fait pour se souvenir de tous ces évènements, car c'est bien de cela dont il s'agit ?

Ni le stress lors de l'émission, ni les chausse-trappes tendues par le présentateur ne l'ont détourné de son objectif. Rien ne lui a fait perdre sa lucidité.

Son cerveau a en mémoire de nombreux souvenirs, comme chacun de nous. Mais, la plupart du temps, nous les oublions. D'autant plus que certaines émotions, comme la peur ou le trac, ont tendance à nous faire perdre nos moyens.

Finalement, il garde, lors de l'émission, la même détermination que celle qu'il a eue, tout au long de sa vie, pour retrouver Latika.

Il est déterminé et ne cesse d'avancer, quelles que soient les circonstances. Il y a là une clef !

Souvent, la peur nous fige. Les acteurs parlent de trac, c'est plus élégant. Un trac qui peut aller jusqu'au trou de mémoire. Dans ce cas, la solution est de bouger, de se remettre en mouvement. D'aérer le cerveau afin qu'il retrouve ses connexions. Jamal en est un bon exemple. Son frère tente de le dissuader de poursuivre sa quête, mais peu importe, il continue quand même. Si bien que chaque occasion devient pour lui une opportunité pour se rapprocher de son rêve.

Dans notre extrait, la rencontre avec le jeune mendiant sera décisive pour retrouver son amoureuse. Il reste en mouvement – on dirait qu'il a un esprit agile. Oui, c'est ça : agile, c'est-à-dire détendu et focus à la fois. Nous avons déjà évoqué cette qualité intérieure. Et c'est elle, manifestement, qui permet au cerveau de se reconnecter pour faire remonter les souvenirs.

À l'inverse, son frère Salim est enfermé dans une philosophie mortifère, au sens propre comme au sens figuré. Jaloux de son frère, prenant Latika pour sa chose, tuant avant de se faire tuer. Il a tout misé sur l'argent et son esprit a rapetissé.

Ce qui est bizarre, chez toi, c'est que tu n'as pas l'air intéressé par l'argent, lance l'inspecteur de police à Jamal. Effectivement, il joue à un autre jeu.

Faites l'exercice. Vous cherchez à vous souvenir de quelque chose de précis, et plus vous cherchez dans votre tête, moins vous trouvez.

Tournez-vous vers quelque chose d'autre, qui vous passionne, et les idées vous reviendront comme par enchantement. Allez jouer à un autre jeu : ainsi, vous réussirez les deux !

Les émotions ont un impact déterminant sur la mémoire. La peur, la colère et la frustration réduisent notre champ de conscience, tandis que l'acceptation, la gratitude, et à fortiori l'amour l'élargissent.

En étant centré sur son intention, liée à son amour pour Latika, Jamal garde un esprit totalement ouvert, si bien que ses souvenirs lui reviennent spontanément.

Dans un registre voisin, on pourrait dire que Jamal a su saisir sa chance.

Philippe Gabilliet, l'auteur d'*Éloge de la chance*[1], évoque les ingrédients nécessaires pour provoquer la baraka.

Parmi ceux-ci, citons une intention positive qui nous habite, un rêve, un but. Ici, c'est clair, Jamal ne pense qu'aux futures retrouvailles avec son amoureuse. C'est son étoile. Quels que soient les mouvements météo et les nécessaires virements de bord, le cap reste le même, et il s'en rapproche coûte que coûte.

Un autre ingrédient favorable pour attirer la chance est lié à la disponibilité intérieure : une attitude détendue à l'égard de la vie et une attention forte portée aux signaux tant extérieurs qu'intérieurs, notamment grâce à son intuition.

Ces ingrédients favorisent la chance. Pourquoi ?

Parce que tout est déjà là, pour peu qu'on s'y connecte.

Vous attendez une promotion, une décision que vous souhaiteriez en votre faveur ? Soyez attentif à ce qui se passe autour de vous et en vous.

À quel moment parler ou se taire ?

Si l'on vous pose une question, comment répondre ?

Vous avez entendu des bruits de couloir : que disent-ils ? Est-ce le moment favorable pour agir ?

C'est en gardant cette attitude d'ouverture à la vie que les mots et les gestes s'improviseront d'eux-mêmes et vous donneront la meilleure solution du moment.

---

1. Philippe Gabilliet, *Éloge de la chance. Apprendre à saisir les opportunités de la vie*, J'ai lu, coll. Bien-être, 2016.

Ne prévoyez rien de figé, vous casseriez la dynamique.

Laissez vos antennes puiser dans votre inconscient les données nécessaires pour avancer, répondre, inventer et vous souvenir.

Jamal connaissait-il les questions avant de se lancer dans le jeu ?

Non, il connaissait les réponses. Tout comme nous pouvons les connaître, pour peu que nous ayons accès à ce formidable réservoir à souvenirs dont nous sommes tous dotés, mais dont l'accès est parfois si difficile à trouver.

Alors, comment faire ?

COACHING

Le psychiatre et psychologue Milton Erickson révolutionne le monde de l'hypnose au milieu du XXe siècle.

Expérimentant d'abord sur lui-même ses trouvailles, il cherche ensuite comment permettre aux patients d'accéder à leurs ressources intérieures pouvant faciliter la guérison.

L'un de ses partis-pris pourrait être formulé de la façon suivante : notre inconscient connaît la solution à un problème que notre conscience ignore pour le moment.

Il faut d'emblée préciser que, pour Erickson, l'inconscient est positif : il regorge d'expériences, de connaissances, de souvenirs, de potentiels, une mémoire qui ne demande qu'à être utilisée.

Et l'hypnose est cet outil incroyable qui permet d'aller pêcher dans cet océan de données qui est en nous.

Pour cela, le lâcher-prise est la voie royale afin de trouver ses propres ressources en soi, et l'hypnose le favorise.

Quel rapport avec Jamal et son jeu, me direz-vous ?

Eh bien, Jamal ne cherche pas tant à gagner des millions qu'à retrouver Latika. Il joue à un autre jeu, ce qui a pour effet immédiat de le détendre totalement devant les questions du présentateur.

Que valent quelques roupies à côté de l'idée de retrouver sa promise ?

L'essentiel est ailleurs, et c'est cela qui le sauve... et le fait gagner, ou plutôt se souvenir !

Totalement détendu dans l'action, il lâche prise quant au jeu télévisé en s'accrochant à l'idée d'être vu par Latika.

Décontracté, il se souvient. Son cerveau se connecte.

En hypnose, il est nécessaire d'avoir confiance en son thérapeute pour se relâcher. Ici, Jamal a confiance en la vie. Et son public imaginaire est Latika.

Et vous, en quoi ou en qui devez-vous avoir confiance pour réussir votre prochain *jeu* ?

Dans la prise de parole, l'une des questions décisives est justement : *Quel est mon degré de confiance en mon public ?*

La confiance en soi est une chose, mais elle ne suffit pas.

Puisque c'est avec le public et pour lui que je prends la parole, ai-je confiance en lui ?

Si tel n'est pas le cas, je vais me protéger derrière un discours préfabriqué, me réfugier dans le mental, me cacher derrière ma fonction... Bref, j'aurai peur et je chercherai les moyens de le masquer. Je me réfugierai dans de fausses sécurités, celles qui, justement, finissent tôt ou tard par s'effondrer et produire la faiblesse que je redoute tant.

J'aurai peur, et je n'entrerai pas véritablement en relation, ni avec mon inconscient, au sens d'Erickson, ni avec mon public, dont je fuirai le regard. Le discours lénifiant – voire le trou de mémoire – me guette.

Mais le lâcher-prise dans l'action suppose au préalable d'avoir prise sur la phase de préparation.

L'un de mes outils préférés est le *mind mapping*, ou carte heuristique. Rendue célèbre par Tony Buzan[1], cette approche présente l'immense avantage de solliciter notre mémoire en donnant à notre cerveau une vision globale, en un clin d'œil, de l'intégralité de notre propos. Si la *mind map* favorise notre mémorisation, c'est qu'elle utilise les techniques de visualisation et d'association à la fois.

Les images ou dessins de la *mind map*, illustrant les mots clefs, renforcent notre mémoire. Quant aux ramifications, elles rappellent nos connexions neuronales et soutiennent la créativité.

Donc, avant une réunion, par exemple, faites le tour de votre propos avec une *mind map*. La cohérence de cette carte vous donnera la clarté et son rendu visuel restera gravé dans votre mémoire, de telle façon que vous serez libre d'improviser le moment venu sans perdre votre fil conducteur.

De quoi ai-je besoin pour être concentré et relaxé, et me souvenir sans me crisper ?

Jouer à un autre jeu, comme Jamal ?

Préparer mon intervention avec une carte heuristique ?

Tout cela est nécessaire, mais parfois ne suffit pas.

1. Tony Buzan, *Développez votre intelligence avec le mind mapping. Mémorisation, créativité, communication : la méthode révolutionnaire pour booster vos capacités*, Alisio, 2018.

Imaginez !

Vous intervenez lors d'un congrès.

Tout est millimétré.

Vous devez prendre la parole devant un public attentif à vos annonces, mais aussi à votre prestation d'orateur.

Lire un texte ? N'y pensez pas. Vous casseriez le lien avec votre auditoire.

Avoir un papier à la main ? Vous aimeriez avoir votre *mind map*, mais normalement vous la connaissez. Et puis vous aurez déjà un micro dans une main. À quoi allez-vous ressembler si vous avez, en plus, un papier dans l'autre ? Votre gestuelle deviendrait prisonnière de vos gadgets.

Alors, comment mémoriser votre discours sans artifices visibles ?

Une possibilité, qui ne date pas d'hier, nous a été transmise par Cicéron. On l'appelle *La méthode des lieux*, dont voici un extrait[1] :

> *Pour en revenir à notre objet, je n'ai pas le vaste génie de Thémistocle ; je n'en suis pas comme lui à préférer l'art d'oublier à celui de se souvenir, et je rends grâce à Simonide de Céos, qui fut, dit-on, l'inventeur de la mémoire artificielle. On raconte que soupant un jour à Cranon, en Thessalie, chez Scopas, homme riche et noble, il récita une ode composée en l'honneur de son hôte, et dans laquelle, pour embellir son sujet, à la manière des poètes, il s'était longuement étendu sur Castor et Pollux. Scopas, n'écoutant que sa basse avarice, dit à Simonide qu'il ne lui donnerait que la moitié du prix convenu pour ses vers, ajoutant qu'il pouvait, si bon lui*

1. *Œuvres complètes de Cicéron*, avec la traduction en français, tome 2, sous la direction de M. Nisard, chez Firmin Didot frères, fils et Cie, libraires, p. 285-286.

> *semblait, aller demander le reste aux deux fils de Tyndare, qui avaient eu une égale part à l'éloge. Quelques instants après, on vint prier Simonide de sortir : deux jeunes gens l'attendaient à la porte, et demandaient avec instance à lui parler. Il se leva, sortit, et ne trouva personne ; mais pendant ce moment la salle où Scopas était à table s'écroula, et l'écrasa sous les ruines avec tous les convives. Les parents de ces infortunés voulurent les ensevelir ; mais ils ne pouvaient reconnaître leurs cadavres au milieu des décombres, tant ils étaient défigurés. Simonide, en se rappelant la place que chacun avait occupée, parvint à faire retrouver à chaque famille les restes qu'elle cherchait. Ce fut, dit-on, cette circonstance qui lui fit juger que l'ordre est ce qui peut le plus sûrement guider la mémoire. Pour exercer cette faculté, il faut donc, selon Simonide, imaginer dans sa tête des emplacements distincts, et y attacher l'image des objets dont on veut garder le souvenir. L'ordre des emplacements conserve l'ordre des idées ; les images rappellent les idées elles-mêmes : les emplacements sont la tablette de cire, et les images, les lettres qu'on y trace.*

Tout est dit dans cet extrait : *[…] imaginer dans sa tête des emplacements distincts, et y attacher l'image des objets dont on veut garder le souvenir.*

Donc, vous êtes dans votre amphithéâtre, vous connaissez les quelques grandes idées clefs de votre propos.

Allez sur scène avant et placez chaque concept à un endroit de la salle.

Sur la colonne devant moi, à gauche, ça sera mon introduction, pourriez-vous vous dire.

Sur le projecteur au milieu, je colle l'idée la plus lumineuse de ma démonstration.

Et ainsi de suite.

Votre déroulement est désormais accroché au décor, telle une antisèche invisible qui vous permettra d'être à 100 % avec votre public, attentif et relaxé.

Ainsi, vous vous souviendrez sans faire l'effort de vous souvenir. C'est la force de cette approche.

Comme Jamal, les images vous reviendront.

Et vous toucherez le cœur de votre public, qui, lui aussi, se souviendra longtemps de votre intervention.

EXERCICE

Au chapitre précédent, nous avons travaillé avec la fable de Jean de La Fontaine, *Le Laboureur et ses enfants*[1].

Pour prolonger l'exercice, imaginons à présent que vous deviez l'apprendre par cœur pour la réciter ou raconter l'histoire à votre façon – avec vos phrases – devant une assemblée. Procédons en trois étapes.

Étape 1

Préparez votre mémoire en transformant les idées principales du récit en pictogrammes.

Voici un exemple de ce à quoi pourrait ressembler le travail préparatoire de la fable.

Ce sont mes images, trouvez les vôtres !

1. *Fables de La Fontaine*, « Le Laboureur et ses enfants », livre V, fable 9.

Travaillez, prenez de la peine :
C'est le fonds qui manque le moins.

Un riche **Laboureur**, sentant sa mort prochaine,
Fit venir ses **enfants**, leur parla sans témoins.

Gardez-vous, leur dit-il, de vendre l'héritage
Que nous ont laissé nos parents.
Un **trésor** est caché dedans.
Je ne sais pas l'endroit ; mais un peu de courage
Vous le fera trouver, vous en viendrez à bout.

Remuez votre champ dès qu'on aura fait l'Oût.
Creusez, fouillez, bêchez ; ne laissez nulle place
Où la main ne passe et repasse.

Le père **mort**, les fils vous retournent le champ
Deçà, delà, partout ; si bien qu'au bout de l'an
Il en rapporta davantage.

D'**argent**, point de caché. Mais le père fut sage
De leur montrer avant sa mort
Que **le travail est un trésor**.

À vous de jouer pour vous approprier la fable.

Séquences	Vos messages clefs	Vos images
Introduction :	....	Image introduction
Idée force 1 :	....	Image 1
Idée force 2 :	....	Image 2
Idée force 3 :	....	Image 3
Conclusion :	....	Image conclusion

Étape 2

Placez à présent vos images dans l'espace, comme nous l'enseigne Cicéron dans l'extrait cité.

Étape 3

Entraînez-vous à raconter l'histoire de la fable avec vos mots à vous, en vous laissant guider par les images que vous avez placées dans la pièce.

Comment vous sentez-vous ?

Avez-vous gardé le fil et l'enchaînement logique ?

Pensez à utiliser cette technique aussi lorsque vous intervenez en petit comité, au cours d'un recrutement ou d'une négociation, par exemple. Et savourez autrement les échanges qui s'établissent.

Partie III

INCARNER VOTRE SINGULARITÉ : LE LEADERSHIP PUBLIC

La mise en scène est une naissance.

LOUIS JOUVET

PRÉLUDE

Nous avons identifié les points essentiels de votre identité de leader, d'où vous parlez (Partie I). Puis nous avons insisté sur les ingrédients nécessaires lors de la phase de préparation d'une prise de parole (Partie II).

Il est temps maintenant de vous exposer, de prendre votre place dans le monde et d'incarner votre voie (Partie III).

C'est une danse à trois temps.

D'abord, vous entrez en scène, qu'elle soit grande ou de la taille d'une salle de réunion.

Vous devrez ensuite donner de la voix et vous faire entendre.

Enfin, vous improviserez avec le public une histoire unique, capable de changer réellement le cours des choses.

Le rideau s'ouvre.

À vous de jouer.

Essentiel n°9
Improvise
et change
le monde

Essentiel n°8
Parler : la voix
consacre l'orateur

Essentiel n°7
Entrer en scène :
engager le corps
avant la parole

Essentiel n°7

ENTRER EN SCÈNE : ENGAGER LE CORPS AVANT LA PAROLE

On ne donne pas du caviar aux cochons.

PROVERBE QUÉBÉCOIS

IL ÉTAIT UNE FOIS DANS L'OUEST

J'aime beaucoup les westerns, car ils donnent - malheureusement - une grille de lecture assez juste des rapports de force qui s'exercent dans le monde. Ils sont à ce titre très instructifs. Mais celui-ci me touche en raison de l'importance donnée à la mise en scène : la parole est préparée, attendue, sacralisée. C'est exactement ce dont nous avons besoin pour susciter l'intérêt du public, le coup de feu en moins.

L'histoire se passe dans un coin imaginaire, quelque part dans l'Ouest américain.

Un certain McBain a l'idée géniale d'acheter des terres contenant la seule source d'eau de la région. Il y construit sa ferme, où il vivra avec ses trois enfants.

Tôt ou tard, la construction d'un chemin de fer passera par là, pense-t-il, puisque les locomotives à vapeur sont friandes d'eau. C'est donc une affaire en or. Il voit même les choses en grand : les matériaux pour construire toute une ville autour de la gare sont prêts, eux aussi.

Veuf, il n'attend plus que Jill, sa nouvelle femme (Claudia Cardinale), épousée il y a peu de temps à La Nouvelle-Orléans.

Mais les choses ne se passent pas comme prévu. L'ouverture du film nous met immédiatement dans l'atmosphère.

C'est lent, très lent, interminable. Trois hommes attendent l'arrivée d'un train. Une goutte d'eau tombe du toit sur la tête de l'un d'entre eux, puis deux, puis trois. Une mouche agace des autres compères. Une chaise à bascule grince. Le tout sans un mot, et cela pendant au moins une dizaine de minutes.

À l'arrivée du train, entre en scène un personnage mystérieux. Lui non plus ne parle pas. Il joue de l'harmonica.

Où est Frank ? finit par demander l'homme à l'harmonica (Charles Bronson, dit Harmonica) aux trois gars.

Frank est un tueur sans scrupules au service de Morton, le patron du chemin de fer. Il est chargé de supprimer tous les obstacles qu'il rencontre pour construire la voie. Et la ferme de McBain est, à ce titre, très convoitée.

Peu de temps après, comme on pouvait s'y attendre, McBain et ses trois enfants sont tués par Frank et ses hommes. Jill, la nouvelle femme du défunt, arrive après le carnage et décide, en sa qualité d'héritière, de rester et de prendre sa suite.

Mais le cœur de l'intrigue va se jouer surtout autour d'Harmonica. Qui est-il ? Que veut-il ? Que signifie cette mise en scène ? À chaque moment clef, une musique lancinante retentit. Il est là, tapi dans l'ombre, et attend son heure. Finalement, on ne sait rien de lui. Il parle peu et finit par devenir le personnage principal de la pièce. C'est là tout le paradoxe.

Alors que, sous la pression de Frank, la veuve souhaite quitter son domaine, Harmonica l'en dissuade et la défend.

Mais lorsque le même Frank est menacé d'être tué, il le sauve.

— *Qui es-tu ?* demande Frank à plusieurs reprises à Harmonica.

Et celui-ci d'égrener des noms.

— *Ils sont morts !* lui répond Frank.

— *Ils étaient pourtant bien vivants quand ils t'ont rencontré*, lui rétorque Harmonica.

Quelques instants plus tard, un flash-back nous laisse deviner des images, sans que cela soit suffisant pour que l'on comprenne parfaitement les motivations réelles et la persévérance d'Harmonica.

En tout cas, l'homme intrigue et sa parole est attendue.

Il a su créer une telle attente chez Frank que désormais la peur a changé de camps. A présent ce n'est plus Frank qui menace Harmonica.

Le tueur vient même le trouver pour percer le mystère et se libérer enfin de cette pression psychologique. Il arrive à cheval devant Harmonica, qui, tranquillement, est en train de tailler un morceau de bois.

— *Je suis venu te voir parce que je sais qu'aujourd'hui, tu vas enfin me dire ce que tu veux.*

— *Alors, juste avant de mourir*, lui répond Harmonica en jetant son bâton.

Finalement, Frank l'assassin cynique et Harmonica le justicier énigmatique s'affronteront dans un duel légendaire, qui lèvera enfin le voile sur tous ces non-dits.

La parole est une arme, dit-on...

EXTRAIT DU FILM

Nous sommes à la fin du film, au moment tant attendu du dénouement. Enfin, nous allons savoir. Qu'est-ce qui explique cette traque obstinée et toute cette mise en scène depuis le début ? Quelle histoire lie les deux hommes ?

Je suis venu te voir parce que je sais qu'aujourd'hui, tu vas enfin me dire ce que tu veux, a annoncé Frank.

Alors, ils sont là, au sommet d'un décor naturel magnifique, un plateau immense entouré de montagnes.

Ils se regardent, avancent calmement, puis s'arrêtent. La musique d'Ennio Morricone est à son comble.

Frank enlève doucement sa veste et la laisse tomber sur le sol. Puis il reprend sa marche autour de cet homme si mystérieux pour lui.

Harmonica, debout, un pied sur un rondin de bois, est immobile. Le chapeau sur sa tête ne nous empêche pas de voir son regard perçant, qui ne lâche pas sa proie. Il est concentré, attentif à chaque mouvement de son adversaire.

Tout en avançant, Frank a la bouche en biais et regarde de temps à autre autour de lui. Il semble inquiet, aux aguets. Il finit par se poser, droit comme un « i », les jambes écartées et les mains relâchées le long du corps, prêt à saisir son revolver.

Gros plan à présent sur le visage d'Harmonica. Ses traits sont détendus. Il sourit. On dirait même qu'il jubile intérieurement.

Quittant son emplacement, il s'avance face à Frank. La posture est droite, le regard constamment tourné vers l'autre.

Les deux protagonistes sont désormais face à face et espacés d'une dizaine de mètres. Voici enfin l'épilogue.

Le flash-back complet nous révèle une scène effroyable.

En pleine nature, au milieu des roches de l'Arizona, on aperçoit, sous une arcade, deux hommes, l'un debout sur les épaules de l'autre. Ils ont chacun les mains liées. Celui du dessus a une corde autour du cou, et le jeune homme qui le porte n'en peut plus.

Puis on voit Frank mettre un harmonica dans la bouche du jeune homme qui vacille sous le poids de l'autre en lui disant : *Joue pour ton grand frère, ça lui fera plaisir !* Le jeune finit par tomber d'épuisement, entraînant la pendaison de son frère.

Fin du flash-back, les pistolets parlent. Frank est touché et encore conscient. Tombant à terre, il réitère sa demande : *Qui es-tu ?* Alors, saisissant son harmonica, le justicier le plante dans la bouche de Frank, qui se souvient et expire.

LA LEÇON D'HARMONICA

J'avoue qu'il est assez audacieux d'évoquer la prise de parole à partir d'un film où l'on parle peu, et encore davantage lorsque les balles remplacent le verbe.

Et pourtant ce chapitre, consacré à l'entrée en scène et à la place du corps, trouve dans ce film une parfaite illustration de ce qu'on attend de l'orateur.

Ce film en général et Harmonica en particulier, posent les bonnes questions : *Comment être écouté ? Comment créer les conditions favorables pour que le public écoute vraiment ma voix ?*

On a tous vécu la scène, enfant, en salle de classe, ou ailleurs, en entreprise. Comment obtenir le silence d'une assemblée dissipée ? Parler plus fort est inefficace et ajoute du bruit au bruit. Se taire ? Oui, si de ce silence émane une certaine présence, un charisme qui attire le public.

Alors, dans notre film, bien entendu, c'est un cas extrême. Frank, l'assassin sans scrupules, ne se souvient même plus de ses méfaits d'autrefois. Comment, dans ces conditions, lui faire entendre quelque chose ?

Car l'important, ici comme ailleurs, n'est pas ce que l'orateur va dire, mais ce que le public peut entendre.

Si Harmonica avait parlé trop tôt, il n'aurait pas suscité l'intérêt de Frank à son égard. *Que signifie cette musique obsédante jouée à l'harmonica par un homme qui me poursuit, et parfois me sauve la peau ?* s'interroge Frank intérieurement. La tension psychologique est telle que c'est lui qui demande à en découdre pour mettre fin à la pression. C'est le ressort de l'attention.

Comme aimanté par le mystère à découvrir chez Harmonica, Frank se met à l'écoute. Voilà donc le rôle fondamental de cette mise en scène poussée jusqu'à son paroxysme.

La théâtralisation vise également à redonner une place centrale au temps. Nous allons voir ici que la capacité à densifier le temps accentue considérablement la présence, le charisme et l'impact des protagonistes.

Reprenons notre extrait.

Les deux personnages s'avancent calmement, ils prennent... leur temps. Un pas après l'autre. On entend le bruit des gravillons sous leurs bottes, comme si le sol les portait. Le geste est dense, lourd, épais.

À un moment donné, Frank s'arrête et enlève sa veste, qu'il laisse tomber à terre. Tout en maintenant son regard sur son rival, à cet instant précis, il ne fait que cela : ôter sa veste, délicatement, comme si chaque seconde avait valeur d'éternité.

Il y a un temps pour tout et une façon particulière d'habiter les gestes que l'on fait, donc de densifier le temps.

En entreprise, me direz-vous, il est assez rare de se retrouver face à face, en silence, un revolver à la main. Certes, et c'est heureux. Néanmoins, combien de fois avez-vous vu des personnes entrer en salle de réunion et lancer un « bonjour » en l'air, tout en regardant la porte qu'ils referment ? Vous êtes-vous réellement senti touché par cette salutation ? Certainement pas. Disons que le protocole a eu lieu, mais pas la rencontre.

Il eût fallu faire autrement, sans tomber dans l'extrême. Juste s'entraîner à entrer dans une pièce, tout en gardant le silence nécessaire, et respecter la règle *Un temps pour tout*. Il y a un temps pour ouvrir et fermer la porte, un temps pour s'asseoir éventuellement, un autre pour accueillir le public du regard, et un temps pour parler.

Tout cela nous amène à une autre facette, toujours liée au temps : le moment favorable. Dans notre extrait, c'est absolument décisif, puisqu'il s'agit d'une question de vie ou de mort. Une absence, une distraction, un doute, et l'autre dégaine avant vous.

Mais si nous filons la métaphore, par exemple lors d'une négociation délicate, nous retrouverons les mêmes composantes. Si vous parlez trop tôt, vous donnez littéralement les armes à la partie adverse. Une faute de regard peut laisser sous-entendre que vous n'avez pas assez confiance en vous ou dans le projet que vous portez. Un manque de charisme aura lui aussi un impact. Vous mènerez une discussion technique et vous aurez sans doute raison sur le fond, mais vous risquez de ne pas susciter l'adhésion.

Le moment favorable est, idéalement, cet instant où votre public attend vraiment votre parole, et pas n'importe laquelle :

une parole qui réponde à une question qu'il ne vous a pas explicitement posée, mais qui l'habite profondément et dont il est prêt à recevoir enfin la réponse.

Voyez comme Harmonica a posé le cadre avant de répondre à Frank, qui le harcèle avec sa question : *Qui es-tu ?* C'est lui qui fixe les règles, le lieu, les circonstances. Il suscite le désir et attend le bon moment pour se dévoiler. Alors, Frank peut enfin entendre ce qu'Harmonica a à lui dire.

Il n'aura pas besoin de répéter.

COACHING

L'entrée en scène est, à mon avis, l'aspect le plus sous-estimé en entreprise comme dans les institutions.

L'entreprise n'est pas un théâtre, on n'est pas des rockstars ! s'exclament certains quand on leur parle d'entrée en scène.

Soit on en fait trop, et c'est ridicule, soit on n'en tient pas compte, et notre parole tombe à côté.

Le temps des réunions s'étire inutilement faute de légitimité des orateurs, qui gagneraient à se faire respecter d'instinct, dès l'ouverture de la porte. Je pense, pour ma part, que, si l'entrée en scène est si peu traitée en tant que telle, c'est surtout lié au fait qu'elle est extrêmement difficile. Elle condense en un instant le travail de toute une vie.

Dès l'arrivée d'un candidat lors d'un entretien, le recruteur se fait une idée de celui-ci. Une idée qu'il corrigera, certes, par la suite, mais qui marquera fortement son cerveau : c'est la fameuse première impression.

On a vu, dans notre extrait, l'importance d'étirer le temps pour gagner en impact. À ce principe fondamental, je voudrais ajouter d'autres clefs. Elles nécessitent un apprentissage, ce qui est une bonne nouvelle en soi : nous pouvons tous les mettre en pratique sans avoir un don inné ou un charisme naturel. En entreprise, et globalement dans le domaine public, très rapidement nous pouvons faire la différence grâce à elles.

Dans son ouvrage *Le secret des orateurs*, Stéphane André[1], fondateur de l'École de l'Art Oratoire, réussit la prouesse de modéliser les éléments permanents des grands orateurs. J'ai beaucoup apprécié me former auprès de lui et de son équipe, et je souhaite leur rendre hommage.

Quelle technique, commune à tous les orateurs, à toutes les cultures, faut-il acquérir pour libérer son style propre ?

Le parti-pris est que notre personne est infiniment plus petite que le personnage que nous incarnerons dans le domaine public. En effet, en vous mettant dans la peau du Dom Juan de Molière, vous vous élevez à un niveau universel, vous touchez à un archétype, une forme pure, tandis que votre petite personne est pleine de contradictions qui perturbent la lisibilité du message lorsque vous prenez la parole.

Dans notre film, Harmonica incarne la figure du justicier et agit comme tel. C'est un moteur et une façon de penser. Voilà son personnage, du début jusqu'à la fin du film.

En entreprise, si vous occupez un poste de manager, l'une des questions est donc : *Quelle est la manière de penser et d'agir en tant que manager dans mon entreprise actuelle ?* Vous devez à vos équipes ce personnage-là, celui pour lequel vous êtes payé, mais vous ne leur devez pas toute votre personne, ni vos états d'âme, ni tous vos dons, ni vos défauts.

Ce personnage se met au service d'une cause plus grande que lui, qu'il va incarner et rendre lisible lors de ses prises de parole.

1. Stéphane André, *Le secret des orateurs. Politique, média et entreprise*, Stratégies, 2002.

Pour les personnages publics comme le président de la République, cela saute aux yeux. Il doit penser et agir comme un président et servir... la France. À tel point que, lorsqu'il n'est pas en adéquation avec la fonction qu'il occupe, les citoyens reprochent, des années durant, au locataire de l'Élysée d'avoir désacralisé la fonction.

En entreprise, c'est la même chose. Un leader comme un dirigeant est attendu – même si ce n'est écrit nulle part – sur sa capacité à incarner sa fonction.

Et mon parti-pris supplémentaire est que la cause défendue par la fonction que vous occupez doit le plus possible correspondre à votre Raison d'être, et utiliser votre Génie propre (voir première partie du livre). Je conçois qu'un acteur puisse jouer au théâtre une représentation par soir sans se prendre pour son personnage. Mais, lorsque vous êtes exposé, dix heures par jour, dans le costume de votre fonction, il est préférable d'être un minimum en adéquation avec la cause que vous servez, sous peine d'avoir de graves déconvenues dans le cas contraire.

Alors, ce personnage, comment prend-il forme ?

D'un point de vue physique, il y a, selon Stéphane André, trois clefs universelles qui ouvrent les portes de votre personnage public : la verticalité du dos, le regard et la voix.

Nous aborderons la voix au chapitre suivant. Concentrons-nous donc sur les deux premiers aspects en repensant à notre film.

Nos deux protagonistes, Frank et Harmonica, vont se battre en duel et entrent en scène de façon originale. Sans un mot, pas à pas. Leur posture correspond en tout point à ces deux clefs. Harmonica reste vertical. Il se hisse à la hauteur de la cause qu'il sert, c'est le personnage du justicier. Il met tout son talent à venger son frère.

Mais cette verticalité deviendrait rigidité sans l'autre clef complémentaire : le regard. Un regard qui accueille, écoute, capte une multitude d'informations qui émanent de l'autre.

À un moment donné, dans l'extrait, je mentionne que Frank regarde de temps à autre alentour, pas trop sûr de lui, tandis qu'Harmonica incarne une forme pure : il est aligné avec sa Raison d'être jusque dans la verticalité de son corps.

Et l'histoire lui donne raison. Comme toujours, ici dans le film, dans les débats publics ou dans les réunions en entreprise, c'est le plus aligné qui l'emporte. C'est le plus vertical, connecté avec quelque chose de plus grand que lui, et le plus horizontal, en lien avec son public, qui remporte l'adhésion.

Ainsi positionné, notre cerveau, toujours en alerte, en suspension entre terre et ciel, cherche la meilleure solution à chaque nanoseconde pour trouver la parole adéquate. Sa performance en est décuplée.

Un dernier aspect que j'aimerais souligner est lié à la peur. Harmonica n'a pas peur tandis que Frank n'est pas rassuré.

Cela peut s'expliquer, me direz-vous, par la situation d'incertitude quant aux motivations du premier vis-à-vis du second. Certes, mais pas seulement.

Cela tient aussi à la qualité du regard, nettement différente chez nos deux interprètes. Pour illustrer mon propos, voici une citation tirée d'un livre intitulé *Comment se libérer du vertige*[1].

> *Tant que vous vous projetez par votre regard dans l'objet qui semble vous permettre de maîtriser la situation, vous restez dépendant de lui, tendu vers lui, hors de vous sur le plan énergétique. Si au contraire, vous vous placez tout à fait autrement, c'est-à-dire au lieu d'être centré sur l'objet, vous vous centrez en vous, derrière vos yeux. À ce moment-là vous recevez l'information qui vient de l'extérieur par vos yeux, dans votre calme intérieur.*

1. Patrick Thias Balmain, *Comment se libérer du vertige*, le Souffle d'Or, 2009, p. 40.

Il ne suffit donc pas de regarder l'auditoire. Il faut s'assurer que le regard que je porte soit vraiment accueillant et sans jugement, observant la réalité telle qu'elle est, et ce, afin de rester centré.

Voilà donc votre personnage campé dès l'entrée en scène. Sa verticalité signe le fait qu'il sert une cause plus grande que lui. Son regard rencontre réellement le public et dialogue inconsciemment avec lui. Il avance et s'arrête, effectue des gestes, les uns après les autres, et redonne de l'épaisseur à chacun de ses mouvements. Ses traits sont détendus. Il offre ainsi un visage avenant à son public, qui attend la suite.

Je suis venu te voir parce que je sais qu'aujourd'hui, tu vas enfin me dire ce que tu veux, dit Frank.

Le public vous pose la même question à présent et souhaite entendre votre voix.

EXERCICE

Il peut sembler difficile de mettre en pratique les éléments évoqués précédemment.

Pourtant, pour une première approche, rien de plus simple que la mise en œuvre dans des actes habituels de la vie quotidienne.

Voici, par exemple, quelques exercices, du plus simple au plus complexe, en vue de densifier vos gestes et d'accentuer votre charisme.

1. Vous êtes assis et vous souhaitez aller ouvrir la fenêtre

Vous pouvez le faire mécaniquement, et cela fonctionnera, c'est certain. Mais entraînez-vous à y glisser quelques nouveautés.

Regardez l'objectif, c'est-à-dire la fenêtre que vous souhaitez ouvrir. Redressez votre dos, tout en la regardant, et accueillez du regard la forme de la poignée, la hauteur et la largeur des vitres, etc.

Quand vous serez prêt, décidez-vous à y aller. Tout en restant dans le regard, prenez conscience de vos pieds sur le sol, demeurez en contact avec vous-même.

Vous atteignez la poignée. Ressentez-la, tournez-la, écoutez le son. Soyez complètement à ce que vous faites.

Puis revenez à votre place avec le même mode.

2. Vous entrez en réunion

Souvenez-vous : il y a un temps pour chaque chose. Ouvrir la porte, puis entrer, refermer la porte, se retourner, accueillir du regard les participants, etc.

Devenez public de votre public, ne foncez pas tête baissée vers les personnes pour leur dire bonjour. Elles ne sont pas prêtes, et vous non plus. Savourez ces quelques secondes suspendues.

Il ne s'agit pas d'exagérer : ne singez pas le western, mais ajoutez quelques secondes de plus, avant de parler, afin de donner de l'épaisseur à votre personnage.

Vous voilà vertical et en lien avec l'auditoire. Le moment venu - faites-vous confiance vous le sentirez - vous pourrez parler.

3. Vous intervenez au cours d'un séminaire, sur scène

Vous êtes attendu pour votre présentation.

Sur scène, l'orateur précédent vient de terminer sa prestation. C'est désormais à vous de jouer.

Vous montez les quelques marches en étant déjà dans la peau de votre personnage. Physiquement, vous êtes vertical et vous regardez successivement les quelques personnes que vous pouvez voir au premier rang pour rester en lien, en dialogue silencieux avec elles.

En fait, votre présentation a déjà commencé. À votre arrivée sur scène, il n'y aura donc pas de rupture de regard avec votre public, puisque vous l'avez déjà inclus dans votre champ de vision en montant les marches.

Vous prenez votre temps, surtout si l'on vous dit de faire vite, et lorsque vous êtes bien relâché, un mot spontanément viendra à votre esprit. Ce mot sera comme une réponse aux personnes en face de vous, que vous captez depuis le début et qui vous parlent avec les yeux.

Essentiel n°8

PARLER : LA VOIX CONSACRE L'ORATEUR

En art oratoire,
tout commence par le regard
et tout finit par la voix.

STÉPHANE ANDRÉ

LE MAÎTRE DE MUSIQUE

La voix est-elle la musique de l'âme, comme le disait la chanteuse Barbara ?

Une chose est certaine : elle est infiniment plus que la simple mécanique autour de nos deux cordes vocales.

J'aime ce film, qui montre justement les différents aspects nécessaires pour faire naître une voix et savoir en jouer. Car c'est de cela qu'il s'agit maintenant : il est temps de prendre la parole.

C'est un véritable coup de tonnerre dans le milieu musical londonien du début du XXe siècle. Joachim, le célèbre baryton-basse, annonce, à l'issue d'un récital, qu'il arrête définitivement de chanter.

Dans le château où il vit avec Estelle, son épouse, Joachim décide d'ouvrir une école pour Sophie, son unique élève. Elle sera bientôt rejointe par Jean, un voleur à la tire qu'il a croisé sur un marché, peu de temps après, et dont la voix révèle un beau potentiel.

C'est bien de chant qu'il s'agit, et pourtant ce sont toutes les facettes de l'amour qui se jouent derrière les vocalises.

Le ton est donné dès l'arrivée de la jeune et magnifique Sophie, accueillie par la femme du maitre de musique, qui lui lance : *Il aime votre voix, il finira par vous aimer. Il ne le dira pas, et bientôt, vous aussi, vous l'aimerez. Vous l'admirez déjà. Il vous étonne, il vous intrigue. L'admiration, la curiosité, l'étonnement, c'est exactement l'amour.*

Sophie s'indigne contre son professeur qui, selon elle, ne l'aime pas en retour. Pourtant, ce dernier avoue à sa femme qu'il est tombé amoureux de Sophie, mais qu'il ne donnera pas suite à ses sentiments.

Avec Jean, Joachim est très dur. Les vocalises sont laborieuses et leurs rapports, tumultueux. Parfois, le maitre le bouscule : *Vous n'avez rien appris, c'est lamentable !* Jusqu'à le gifler, une fois, et s'en vouloir. Comme Sophie, Jean se rebelle. Et les deux jeunes terminent finalement dans les bras l'un de l'autre.

Peu après, au cours d'une balade en calèche, Joachim révèle le secret de sa méthode : *Je veux que vous vous révoltiez. C'est alors que vous êtes les meilleurs. Vous devez être orgueilleux. Sur scène, on est seul.*

Les deux élèves donnent de la voix. Ils grandissent en maturité humaine et vocale.

Jusqu'au jour où un oncle de Sophie arrive au château avec des invitations pour les élèves. Le prince Scotti les invite avec leur professeur au concours d'art lyrique qu'il organise chez lui, dans quelques mois. Le maitre est gêné. Ce prince est un mécène immensément riche, capable de porter des chanteurs au pinacle ou de les clouer au pilori. Mais surtout, il y a vingt ans, la vie du prince a basculé à cause de lui. Il a cassé sa voix lors d'un duel avec lui en essayant de le dépasser. Et sa rancune est tenace.

Le film prend une nouvelle tournure. Vocalement, les élèves sont prêts, et ils acceptent le défi lancé par Scotti. Ils se rendent au rendez-vous du prince avec leur professeur. Mais, une fois arrivé sur place, Joachim les laisse et repart.

Furieux de l'absence de son rival d'il y a vingt ans, Scotti cherche la parade. Il s'entretient avec Jean et découvre une voix qui ressemble étrangement à celle de son jeune protégé, Arcas, qu'il forme depuis plusieurs années.

Arcas est dans un rapport de soumission à son maître, qui le maltraite et l'asservit. Pour assouvir sa vengeance, le prince propose à son élève de tendre un piège aux élèves de Joachim.

À l'arrivée de Jean et de Sophie, dans une salle de répétition, Arcas entonne un morceau. Ses traits sont tirés et son regard assassin. En service commandé pour son maître, il s'exécute et cherche à impressionner. *C'est ta voix !* s'exclame Sophie en se tournant vers Jean. *Personne n'est unique*, renchérit le prince d'un ton sarcastique. Fort de son effet, Scotti pense les avoir dégoûté définitivement de se présenter.

Mais c'est compter sans la capacité de rébellion de Jean, qui souhaite rendre la pareille à son hôte.

Le concours de chant commence. Le public a pris place dans le somptueux château. À la surprise du prince Scotti, Sophie se lance sur scène et interprète un morceau. Coup de théâtre, Jean, caché dans les coulisses, lui donne la réplique de manière remarquable. Il jubile. Il aime et incarne tour à tour l'amour et la révolte. C'est un triomphe.

Le prince et son élève, furieux, tentent de retourner la situation in extremis en proposant un duel masqué entre Jean et Arcas. Que de souvenirs pour Scotti ! Il joue gros.

Avant que les duellistes n'arrivent sur scène, le prince prend une dernière fois Sophie à part et se dévoile vraiment : *Je suis prêt à vous offrir la plus belle des carrières. J'ai ce pouvoir. Mais il y a une condition. Je veux savoir comment Joachim vous a enseigné l'art du chant. Pourquoi tout ce qui vient de lui est incomparable. Je veux savoir pourquoi la musique lui est soumise. Je veux connaître son secret. Et je sais que vous le détenez. Réfléchissez-y. Nous avons tout le temps.*

Sophie se tait.

Masqués, les duellistes entrent en scène. L'un entonne un air de musique et l'autre continue la tirade en montant d'un ton. Jusqu'au moment où l'un des deux bloque et où sa voix se casse. Jean ôte son masque, il a gagné. Le prince tente de l'amadouer, mais Jean le repousse et se dirige vers l'entrée, où l'attend, avec un air grave, l'oncle de Sophie. Le maitre de musique s'est éteint.

Je veux que vous vous révoltiez. C'est alors que vous êtes les meilleurs.

Les élèves ont dépassé le maître.

EXTRAIT DU FILM

Au cours d'une répétition de chant avec Sophie, Joachim, silencieux, tourne autour d'elle. Ses pas tonnent sur le sol pendant que la jeune élève s'évertue à interpréter son morceau.

L'ambiance est studieuse et stressante à la fois. Il l'observe, la scrute, ne rate aucun détail. Un métronome rythme le travail et donne l'impression que le maître attend une précision d'orfèvre de la part de son élève.

Vous devez parvenir à vous concentrer au point de ne plus me voir passer. Rien n'existe plus que votre voix et le chant, lui lance Joachim sur un ton martial.

Le professeur se remet au piano.

La musique s'empare de vous. Laissez-la s'insinuer en vous.

Puis il se lève et ouvre les rideaux violemment. La lumière du jour pénètre brutalement dans la pièce, auparavant tamisée.

Rien. Rien ne doit vous arrêter. Comprenez-vous ? Absolument rien. Il vous faut une concentration totale, absolue !

Il s'avance vers Sophie et pose les mains sur ses épaules.

Décontractez les épaules ; dégagez la poitrine ; chantez ! Allez, chantez !

La jeune élève ne se laisse pas décontenancer. À chaque fois, elle se recentre et reprend son air. Habitée par sa musique, elle atteint des sommets, se concentre et ferme alors les yeux tout en chantant.

Joachim intervient alors une dernière fois : *Ouvrez les yeux. Parce qu'on chante aussi avec le regard. Vous, surtout. Il ne faut pas vous en priver ni en priver les autres.*

LA LEÇON DE JOACHIM

Quel est donc ce secret ultime transmis par Joachim à ses deux élèves, et dont Scotti n'a jamais trouvé la clef ?

Je veux que vous vous révoltiez. C'est alors que vous êtes les meilleurs.

Se révolter, d'accord, mais contre qui ? Contre quoi ? Et dans quel but ?

Apprendre la technique du chant, se former, faire des vocalises, chanter juste, tout cela est nécessaire. Mais, pour accoucher d'une voix singulière, il faut aller plus loin. Car chanter n'est pas seulement faire vibrer ses deux cordes vocales. On chante avec tout son corps et tout son être. Et ce que nous disons pour le chant est tout aussi valable pour la voix parlée.

Se révolter pour faire sortir un cri, caché au plus profond de soi, un son authentique et unique. Se révolter par amour ou pour l'amour. Se révolter pour se différencier, se trouver enfin et être capable d'entrer en dialogue avec l'autre à partir d'un « je » fermement établi.

Voilà la finalité et le projet de Joachim. Et il a réussi.

Sophie se révolte, car elle aimerait que l'amour qu'elle porte à son professeur soit réciproque et se concrétise. Jean se rebelle contre la dureté de Joachim. Et ce faisant, les deux élèves finissent par se trouver eux-mêmes et tomber amoureux l'un de l'autre.

À l'inverse, la méthode de Scotti est marquée par son emprise sur le jeune Arcas. Celui-ci n'existe pas par lui-même. Il n'est que le bras armé de son maître, qui le menace, l'intimide et l'instrumentalise. Il n'est pas libre. Certes, il a une voix et une technique qui fonctionnent, mais l'âme n'y est pas. Or, c'est cette dernière qui peut émouvoir et emporter l'adhésion du public.

Finalement, les élèves reflètent leur maître et sa manière de vivre. Joachim se retire au sommet de sa carrière pour transmettre son art à d'autres. Il se met en retrait, loin des projecteurs et des applaudissements, pour ne former que deux personnes. Il y donnera tout son temps, toutes ses compétences, tout son esprit. Puis il saura, au moment opportun, se retirer à nouveau et laisser ses élèves prendre leur place. En les déposant chez le prince sans y entrer lui-même, il leur fait confiance pour faire face à leur destin.

Scotti, lui, n'a jamais accepté d'avoir dû quitter la scène prématurément. Il continue d'exister en coulisse et à travers l'élève qu'il tient sous sa coupe. Laisser l'autre libre et le faire grandir ? Certainement pas ! Finalement, il n'y a pas d'altérité chez lui, et pas de commencement de révolte chez Arcas.

Or, tout cela s'entend dans une voix, puisqu'elle reflète la personnalité de l'orateur.

Prenons un exemple assez courant dans la vie en entreprise. À l'occasion du lancement d'un nouveau produit ou service, un évènement a lieu en interne pour annoncer et présenter les nouveautés.

Chaque protagoniste est appelé à prendre la parole. Sur scène défilent pour quelques minutes les orateurs, et en général leurs supports sont projetés sur un écran derrière eux. Je remarque habituellement deux types d'intervenants. Ceux qui ne veulent pas décevoir leur supérieur hiérarchique et ceux qui ne veulent pas décevoir leur public.

Sans tomber dans les extrêmes du film, disons que les premiers n'ont pas la confiance totale de leur patron, contrairement aux seconds. Ils craignent de mal faire, alors que les seconds ont l'audace et l'envie de donner.

L'énergie contenue dans la voix s'en trouvera fortement colorée. Or, c'est elle qui, in fine, touche le public.

Celui-ci perçoit tout de suite si la personne qui parle a le pouvoir et la confiance pour intervenir. La peur de mal faire n'est pas seulement un problème de manque de confiance en soi : elle reflète surtout le manque de confiance de sa hiérarchie vis-à-vis de soi.

Ton responsable t'a délégué une part de la présentation, mais il aimerait en maîtriser le contenu, les enchaînements, voire les mots et les intonations. Difficile, dans ces conditions, d'avoir une voix assurée et nette.

Après la révolte, revenons à notre extrait. *On chante aussi avec le regard*, souligne Joachim.

Effectivement, notre voix s'adresse à quelqu'un. On ne chante ni ne parle pour soi, mais pour l'autre et avec lui. C'est pour cela qu'il est nécessaire de le regarder.

De même que les mots ne viendront pas de la même façon si vous regardez le sol ou le visage de votre interlocuteur, votre voix et ses harmoniques ne sonneront pas de manière identique dans un cas ou dans l'autre.

Victor Hugo disait : *Le meilleur du talent de l'orateur lui vient de la foule ou de l'assemblée. Pour que l'orateur soit grand et puissant, il faut que l'auditoire fasse la moitié du chemin.*[1]

Pour rebondir sur la citation, j'ajouterais : comment voulez-vous que le public fasse la moitié du chemin si vous ne le regardez pas et si vous ne le touchez pas émotionnellement par votre voix ?

Notons, à ce stade, que nous ne parlons pas de technique vocale, mais bien de conditions nécessaires pour que votre voix résonne harmonieusement dans le cœur du public.

Nous avons vu, au chapitre précédent, qu'au moment de l'entrée en scène, le corps intervient en premier. Devant l'assemblée, l'orateur est vertical, puisqu'il se hisse pour servir une cause plus grande que lui. Il est aussi horizontal par son regard permanent sur son auditoire, qu'il décide d'aimer en s'intéressant à lui.

La voix consacre l'orateur. Elle intervient en dernier et donne à entendre non seulement les mots, le message, mais aussi l'intonation, les harmoniques, cette petite musique sous-jacente qui colore la relation.

---

1. Victor Hugo, *Choses vues (1887-1900)*, Gallimard, 2002

La voix est un véhicule émotionnel d'une telle puissance que l'on peut en tomber amoureux.

Souvenons-nous qu'au début du film, la femme de Joachim, qui connaît bien l'affaire, donne d'emblée le ton à la jeune Sophie : *Il aime votre voix, il finira par vous aimer.*

Vous ne pouvez pas adhérer à un discours si vous n'aimez pas un minimum la voix qui le porte. Et, à l'inverse, une voix nasillarde vous fera vite déchanter, même si vous soutenez pleinement le contenu entendu.

Alors, comment faire ? Nous n'avons pas tous un timbre exceptionnel ni l'opportunité de pratiquer la technique vocale, c'est exact. Commençons par accepter notre propre voix et prenons conscience, de temps en temps, du projet musical qui sort de notre bouche. Cela paraît simple à priori, mais accepter et décider d'aimer sa voix est parfois un long chemin.

Sur cette route, néanmoins, nous ne sommes pas seuls. Laissons notre maître de musique nous susurrer à l'oreille : *La musique s'empare de vous. Laissez-la s'insinuer en vous.* Et ainsi rejoignez les autres.

COACHING

Au cours des accompagnements, je ne fais pas faire de vocalises, je ne suis pas professeur de chant. Mais je travaille sur tout ce qui permet à la voix de sortir de manière authentique et impactante, et pour cela les leviers sont multiples.

Le premier d'entre eux consiste à prendre conscience que la voix recèle de multiples paradoxes, qu'il s'agisse de la voix parlée ou chantée.

- Elle est insaisissable, et pourtant bien réelle, à tel point, nous l'avons dit, qu'elle peut susciter des émotions fortes, jusqu'à l'amour du public pour nous, comme si nous l'étreignions. En prendre réellement conscience est déjà un facteur de changement.

- L'adage populaire nous dit : *Les paroles s'envolent, les écrits restent*. Pourtant, la voix est irrévocable. Le son qui sort de votre bouche est sans retour possible, vous ne pouvez pas le corriger ni l'effacer à postériori. Ce qui est dit est dit. Les psychanalystes, qui attendent, entre autres, le lapsus, le savent bien !

- La voix est, par essence, naturelle et spontanée. Dès notre arrivée au monde, rien de plus banal que de pousser un cri. Et pourtant, une fois adulte, il nous faut souvent des années pour trouver notre voix authentique et l'apprivoiser.

- Techniquement, la mécanique de la voix semble contre-intuitive, puisque plus nous devons chanter haut et pousser des notes aiguës, plus notre diaphragme doit descendre bas. Nous y reviendrons.

Et nous pourrions multiplier les exemples sur le côté paradoxal de la voix.

En entreprise, la voix est à mon avis un outil encore sous-estimé. D'autant plus que les réunions en visioconférence ont considérablement modifié notre rapport au regard et à la voix. On ne peut plus regarder dans les yeux son interlocuteur, à moins de faire des va-et-vient entre la caméra et l'écran. Quant à la voix, sous l'effet des micros plus ou moins performants des ordinateurs et d'une liaison internet incertaine, elle perd souvent de son charme lorsqu'elle arrive à l'oreille des participants.

Dans ces conditions, allez créer une véritable rencontre pleine d'émotions ! Ça n'est pas impossible pour autant.

Il y a quelques années, j'ai eu la chance de rencontrer une professeure de chant extraordinaire, puis d'étudier auprès d'elle. Raymonde Viret, auteure du livre *Trouvez votre voix*[1], revient aux fondamentaux : selon elle, l'art du chant est d'abord l'art de la respiration.

Elle raconte une prise de conscience émouvante qu'elle a eue après la naissance de son fils :

> *Comme tous les bébés, mon fils se manifestait en criant. Je lui apportais du réconfort sous forme de câlins ou de biberons, non sans l'observer avec fascination hurler sans jamais avoir mal à la gorge. Comment pouvait-il émettre un cri aussi puissant sans s'épuiser et sans se casser la voix ? Tout mon travail sur la voix, mes observations et mes recherches sur le souffle trouvaient là un extraordinaire aboutissement, la solution était sous mes yeux, dans le berceau de mon bébé, la voix était bien dans le ventre et pas que dans l'appareil phonatoire*[2] *!*

Nous arrivons au monde et, naturellement, nous savons comment respirer de façon adéquate. Pour crier, chanter, donc, à fortiori, pour parler sans nous fatiguer. C'est prodigieux !

Comment retrouver alors ce cri primal, celui que nous avions bébé, au sortir du ventre de notre mère ? Comment réapprendre à respirer comme les enfants, qui gardent, jusqu'à l'âge de six ou sept ans, cette respiration dite costo-diaphragmatique, avant d'en être coupés principalement à cause du stress ?

1. Raymonde Viret, *Trouvez votre voix ! Bien respirer. Chanter librement. Parler sans s'épuiser. Comprendre ce que votre voix révèle*, Albin Michel, 2017.
2. *Ibid.*, p. 36-37.

Aujourd'hui, je me répète les quelques mots clefs de Raymonde, qui résument la mécanique de respiration déjà à l'œuvre chez le nourrisson et que nous avons à redécouvrir.

Désormais, avant de parler ou de chanter, j'ouvre, je pousse, je pose et j'éjecte.

J'ouvre la bouche pour y prendre de l'air, jusqu'à la base des poumons. Puis, en écartant les côtes, je pousse le diaphragme le plus bas possible. Je pose la voix et, tout en continuant à pousser, j'éjecte le son comme s'il partait du bas, ce qui libère les cordes vocales.

Avec cette technique respiratoire, dite costo-diaphragmatique, les personnes que j'accompagne découvrent un confort qui se manifeste en premier lieu par une paix et une détente intérieures. Cette plus grande quantité d'air dans le corps réduit le stress, et le trac disparaît. En effet, cette respiration n'est ni plus ni moins celle que nous adoptons automatiquement en dormant. Elle nous oxygène bien davantage que celle, plus crispée ou en apnée, qui est la nôtre habituellement.

Par ailleurs, cette manière de respirer donne à votre voix une stabilité et une force complètement nouvelles, immédiatement perceptibles par votre auditoire.

Que vous soyez sur scène à faire le show ou dans un entretien en petit comité, l'orateur que vous êtes offre désormais à son public un formidable confort d'écoute, et votre clarté dans la voix le touche émotionnellement.

Pour que l'orateur soit grand et puissant, il faut que l'auditoire fasse la moitié du chemin, disait Hugo.

Avec votre voix ainsi placée, c'est désormais chose facile.

EXERCICE

Je vous invite à faire le lien entre le regard et la manière de poser votre voix.

Vous aurez besoin pour cela d'un partenaire et d'un peu d'espace.

1. Mettez-vous à une distance d'environ un mètre de votre partenaire.

- Regardez-le dans les yeux et dites-lui une phrase chargée d'une émotion positive, par exemple : *Je suis vraiment heureux que tu sois là aujourd'hui.*
- Prenez conscience d'où est partie votre voix. De la gorge ? Du thorax ? Du bas-ventre ?
- Et votre partenaire, qu'a-t-il ressenti ?

2. Demandez-lui ensuite de se reculer d'environ deux mètres.

- Réitérez le même exercice.
- Qu'est-ce qui a changé chez vous ? Chez lui ?

3. Restez dans la même configuration, mais imaginez à présent que vous deviez parler et être entendu jusqu'à un point à une dizaine de mètres derrière votre partenaire.

Faites l'exercice sans agresser vocalement votre interlocuteur, donc ne parlez pas trop fort : parlez mieux.

Pour cela, ouvrez votre bouche et prenez de l'air jusqu'au bas des poumons. Vos côtes s'écartent. Tentez de pousser votre diaphragme : faites comme si vous étiez constipé (l'image est triviale, mais réaliste) et, tout en maintenant la pression vers le bas, parlez !

Votre voix devient plus assurée, pleine et nette.

Entraînez-vous plusieurs fois. Nous avons oublié depuis longtemps ce que nous savions faire spontanément lors de notre arrivée au monde !

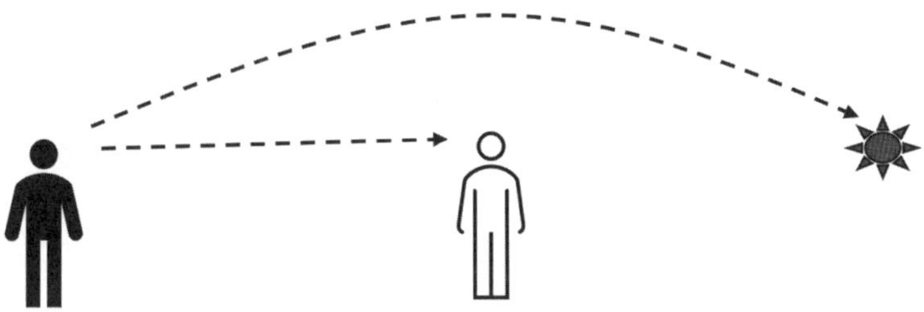

Essentiel n°9

IMPROVISE ET CHANGE LE MONDE

Prenez mes idées,
j'en aurai d'autres.

COCO CHANEL

LE DICTATEUR

Vous devez prendre la parole, vous avez tout prévu et… un imprévu arrive. Vous allez devoir improviser ! Ça tombe bien, c'est là que commence vraiment l'aventure humaine.

Comme vous, j'imagine, j'aurais aimé que le film de Chaplin soit la réalité, pour que sa parole change le cours de l'histoire.

En attendant, il ne tient qu'à nous d'écrire celle de notre époque, avec une parole vraie, incarnée, pour changer le monde. Rien que ça !

Et pourquoi pas ?

Il n'a pas tout à fait la tête du soldat ordinaire, c'est le moins que l'on puisse dire. Chaplin, dans la peau d'un bidasse gauche et rigolo, utilise le canon à sa manière et tire des boulets pour défendre la Tomania, un pays imaginaire ressemblant à s'y méprendre à l'Allemagne au moment de la Grande Guerre. Le ton est donné : cette guerre (comme toutes les guerres ?) est absurde.

En pilotant un avion, il réussit à sauver la vie d'un officier allemand, le commandant Schultz. Malheureusement, l'avion s'écrase. Les deux acolytes sont en vie, mais le soldat Chaplin est blessé et devient amnésique. Lui, le barbier juif, désormais vétéran de la Première Guerre mondiale, reste interné à l'hôpital militaire sans avoir la moindre idée de l'évolution du monde à l'extérieur.

Au cours de ces années, la Tomania devient une dictature. À sa tête, Hynkel, un parfait sosie du barbier, joué aussi par Chaplin, entre en transe et prononce des discours haineux et antisémites, à la manière d'Hitler.

Un jour, l'amnésique s'échappe de l'hôpital et retrouve sa boutique, dans le ghetto juif. Le film fait alors des allers-retours entre sa vie et celle de son sosie dictateur.

Du côté du barbier, nous avons la grâce, la sensibilité maladroite et touchante, mais nous admirons aussi l'amour de la vie, le rire et beaucoup d'humanité.

De l'autre côté, dans le palais d'Hynkel, l'absurdité est totale. Qu'il joue avec son globe terrestre gonflable ou qu'il pactise avec le dictateur voisin, Napoleoni, après lui avoir envoyé des pâtes à la figure, le dictateur Hynkel est hystérique, grotesque et mégalomane.

Capturés par les brigades de la mort, le commandant Schultz et le barbier sont envoyés en camps de concentration. Mais ils réussissent finalement à s'en échapper.

Au même moment, des soldats prennent le haineux Hynkel pour le barbier en fuite et l'enferment.

Le barbier, quant à lui, déguisé en soldat allemand, est pris pour Hynkel et endosse le rôle du dictateur, dont on attend un discours important.

Arrivent alors la fin du film et l'extrait que nous commenterons, où le barbier, confondu avec Hynkel, devra prononcer un discours pour conquérir le pays voisin.

EXTRAIT DU FILM

Nous sommes à la fin du film. Le dictateur (en fait le barbier) et le commandant Schultz prennent place devant un impressionnant parterre de militaires.

Le ministre de l'Intérieur monte à la tribune et prononce un discours violent contre la démocratie, contre les juifs, et en appelle à l'obéissance au futur empereur du monde.

Schultz tourne la tête vers le barbier et lui dit :

— *Vous devez prendre la parole.*

— *Je ne peux pas*, lui répond-il.

— *Il le faut ! C'est notre dernier espoir*, renchérit Schultz.

Espoir..., se répète le barbier, plongeant alors en lui-même et montant doucement à la tribune. Il regarde autour de lui, se positionne devant les micros et se lance :

> *Je suis désolé, mais je ne veux pas être empereur, ce n'est pas mon affaire.*
>
> *Je ne veux ni conquérir ni diriger personne. Je voudrais aider tout le monde dans la mesure du possible, juifs, chrétiens, païens, Blancs et Noirs.*

Nous voudrions tous nous aider, les êtres humains sont ainsi. Nous voulons donner le bonheur à notre prochain, pas le malheur. Nous ne voulons ni haïr ni humilier personne. Dans ce monde, chacun de nous a sa place et notre terre est bien assez riche pour nourrir tout le monde. Nous pourrions tous avoir une belle vie libre, mais nous avons perdu le chemin.

L'avidité a empoisonné l'esprit des hommes, a barricadé le monde avec la haine, nous a fait sombrer dans la misère et les effusions de sang. Nous avons développé la vitesse pour finir enfermés. Les machines qui nous apportent l'abondance nous laissent néanmoins insatisfaits. Notre savoir nous a rendus cyniques, notre intelligence... inhumains. Nous pensons beaucoup trop et ne ressentons pas assez. Étant trop mécanisés, nous manquons d'humanité. Étant trop cultivés, nous manquons de tendresse et de gentillesse. Sans ces qualités, la vie n'est plus que violence et tout est perdu. Les avions, la radio nous ont rapprochés les uns des autres. Ces inventions ne trouveront leur vrai sens que dans la bonté de l'être humain, que dans la fraternité, l'amitié et l'unité de tous les hommes.

En ce moment même, ma voix atteint des millions de gens à travers le monde, des millions d'hommes, de femmes, d'enfants désespérés, victimes d'un système qui torture les faibles et emprisonne des innocents.

Je dis à tous ceux qui m'entendent : ne désespérez pas ! Le malheur qui est sur nous n'est que le produit éphémère de l'avidité, de l'amertume de ceux qui ont peur des progrès qu'accomplit l'humanité. Mais la haine finira par disparaître et les dictateurs mourront, et le pouvoir qu'ils avaient pris aux peuples va retourner aux peuples. Et tant que les hommes mourront, la liberté ne pourra périr.

Soldats, ne vous donnez pas à ces brutes, ceux qui vous méprisent et font de vous des esclaves, enrégimentent votre vie et vous disent ce qu'il faut faire, penser et ressentir, qui vous dirigent, vous manœuvrent, se servent de vous comme chair à canon et vous traitent comme du bétail. Ne donnez pas

> *votre vie à ces êtres inhumains, ces hommes-machines avec des cerveaux-machines et des cœurs-machines. Vous n'êtes pas des machines ! Vous n'êtes pas des esclaves ! Vous êtes des hommes, des hommes avec tout l'amour du monde dans le cœur. Vous n'avez pas de haine, seuls ceux qui manquent d'amour et les inhumains haïssent. Soldats ! Ne vous battez pas pour l'esclavage, mais pour la liberté !*
>
> *Il est écrit dans l'Évangile selon saint Luc : "Le Royaume de Dieu est au dedans de l'homme", pas dans un seul homme ni dans un groupe, mais dans tous les hommes, en vous, vous, le peuple, qui avez le pouvoir : le pouvoir de créer les machines, le pouvoir de créer le bonheur. Vous, le peuple, en avez le pouvoir : le pouvoir de rendre la vie belle et libre, le pouvoir de faire de cette vie une merveilleuse aventure. Alors, au nom même de la Démocratie, utilisons ce pouvoir.*
>
> *Il faut nous unir, il faut nous battre pour un monde nouveau, décent et humain qui donnera à chacun l'occasion de travailler, qui apportera un avenir à la jeunesse, et à la vieillesse, la sécurité. Ces brutes vous ont promis toutes ces choses pour que vous leur donniez le pouvoir – ils mentent. Ils ne tiennent pas leurs promesses – jamais ils ne le feront. Les dictateurs s'affranchissent en prenant le pouvoir, mais réduisent en esclavage le peuple.*
>
> *Alors, battons-nous pour accomplir cette promesse ! Il faut nous battre pour libérer le monde, pour abolir les frontières et les barrières raciales, pour en finir avec l'avidité, la haine et l'intolérance. Il faut nous battre pour construire un monde de raison, un monde où la science et le progrès mèneront vers le bonheur de tous. Soldats, au nom de la Démocratie, unissons-nous !*

Devant lui, la foule, qui acclamait l'odieux ministre de l'Intérieur quelques minutes auparavant, applaudit à tout rompre à présent.

LA LEÇON DE CHAPLIN

Le génie de Chaplin, qu'il joue le barbier ou le dictateur, est de nous prêter ses lunettes burlesques, l'espace d'un instant. Je pourrais l'entendre me dire : *Regarde, vu de ma fenêtre, ce que je vois. Cette guerre est absurde, un non-sens absolu. Les ordres et les décisions sont stupides.*

Seul l'humour nous permet ce pas de côté salvateur. Seul l'humour nous donne ce surcroît d'intelligence. Les gens sérieux, eux, ne voient rien.

Chaplin ne relativise pas le mal. Au contraire, il le torpille, l'anéantit, en le ridiculisant, pour mieux le combattre à la racine. Les protagonistes autour d'Hynkel, haineux et antisémites, sont tournés en dérision. Ils sont bêtes dans les deux sens du terme.

Mais revenons sur quelques éléments de contexte. Le tournage du *Dictateur* a lieu en 1939, juste quelques jours après la déclaration de guerre de la France à l'Allemagne. Depuis plusieurs mois, Chaplin prépare dans le secret l'ébauche de son film.

La ressemblance d'Hynkel avec Hitler n'est donc pas fortuite. C'est d'ailleurs la première fois que Chaplin quitte son personnage fétiche de Charlot pour le troquer contre celui du barbier juif. C'est la première fois aussi qu'il délaisse le muet pour réaliser un film parlant. C'est dire si ce film a une place à part dans ses créations artistiques et s'il veut signifier quelque chose.

Chaplin a un message important à nous dire et il s'engage franchement, sans masque, sans artifices. En effet, le discours final nous montre l'acteur ayant quitté tous ses personnages. Il n'est plus le barbier ni la caricature d'Hynkel, pas plus que le Charlot des films précédents.

Il est lui-même, connecté à ses valeurs et engagé dans son combat. Au service d'une cause plus grande que lui, il exhorte, il dénonce, il témoigne, il stimule, il entraîne. Et, finalement, il change le cours de l'histoire, puisque la foule le suit.

Le pouvoir d'une parole connectée au meilleur de nous pour toucher le cœur du public est prodigieux.

Il est des moments, dans notre vie, où nous devons aussi laisser quelques instants le costume de côté. Ou, plutôt, nous gagnerions à lui donner l'épaisseur de nos tripes. Je m'explique. Le personnage dont nous endossons le rôle en entreprise, c'est-à-dire *nous dans notre fonction*, obéit à une logique, à une façon de penser, de prendre des décisions, d'interagir. Et peut-être ne sommes-nous pas exactement les mêmes dans notre vie personnelle – c'est même probable. Ce personnage, que l'on voit jusque dans la posture (Cf. Essentiel n°7), a une utilité considérable. Pour nous, c'est une protection, et pour le public, il rassure. Il nous protège des attaques personnelles et nous permet de prendre des décisions difficiles et dans l'intérêt de l'entreprise sans être anéantis. Pour le public, ce personnage est rassurant, car il offre toujours à peu près la même figure. Quels que soient mes états d'âme personnels du moment, le personnage que l'on attend de moi, lui, reste le même.

Mais dans certaines circonstances, lorsque les enjeux sont vraiment importants, ce personnage se doit de fendre l'armure pour laisser transparaître davantage les émotions, l'engagement, le parler-vrai.

Un dirigeant ne pourra fédérer son équipe autour d'une vision s'il n'en parle que de manière mécanique. Un ministre ne sera pas suivi si les citoyens ne ressentent pas la sincérité et l'exemplarité dans le discours qu'ils reçoivent. Et vous aurez du mal à recruter si vous n'avez pas l'impression de toucher le cœur, l'essence même du candidat en face de vous.

On pourrait multiplier les exemples. Trop souvent, nous parlons, mais il n'y a personne. Des fonctions se côtoient, des ego se jaugent, des intérêts se calculent, mais il n'y a personne !

Et aucun changement durable ne peut venir de là.

Tant que nous n'aurons pas trouvé la source réelle de notre engagement pour nous adresser à celle de l'autre, nous tournerons en rond.

Alors, comment agir pour être capable de faire le premier pas et d'improviser ? Regardons les premières pistes données au début de l'extrait :

Schultz tourne la tête vers le barbier et lui dit :

– *Vous devez prendre la parole.*

– *Je ne peux pas*, lui répond le barbier.

– *Il le faut ! C'est notre dernier espoir*, renchérit Schultz.

– *Espoir…*, se répète le barbier, plongeant alors en lui-même et montant doucement à la tribune. Il regarde autour de lui et, devant les micros, se lance.

J'aimerais attirer l'attention sur deux éléments.

D'abord, le barbier reconnaît qu'il ne peut pas prendre la parole. C'est clair. Cela veut dire que, rationnellement, normalement, ce qu'il doit faire est hors de son domaine de compétence habituel. C'est le moins que l'on puisse dire !

Mais il n'a pas le choix. Il va donc falloir qu'il sorte du cadre et du connu pour entrer dans une autre dimension, celle de l'improvisation.

Arrive le deuxième élément : le mot *Espoir* résonne à ses oreilles. Ce mot lui parle, il se connecte intérieurement grâce à lui. Ce mot, ou plutôt tout ce qu'il représente, lui est familier. C'est désormais sur ce sol connu, plus solide et fertile, qu'il pourra puiser l'énergie et les images de son discours.

L'assemblée lui est hostile, mais il choisit de voir, à travers cette foule, les visages de sa famille et de ceux qu'il aime. Comme s'il s'adressait à chacun d'eux pour que l'espoir transforme la masse anonyme et moutonnière en personnes uniques et responsables.

COACHING

S'engager franchement, au-delà de son costume, « mouiller la chemise », comme on dit couramment, est donc nécessaire dans les moments clefs, où le public attend de sentir qu'il y a vraiment quelqu'un à bord.

Dans les situations qui nécessitent de sortir des sentiers battus, improviser – c'est-à-dire aller au-delà de ce qu'on a prévu de dire – permet d'accéder à l'intelligence collective. En effet, chaque membre de l'assistance est connecté par le regard à l'orateur et à la vision qu'il transmet, et peut accéder, avec les autres, à cette vision.

Improviser pour changer le cours des choses suppose une parole crédible.

On prête d'ailleurs à Chaplin la réflexion selon laquelle les meilleurs acteurs, les plus doués, sont en réalité les bébés et les animaux : dans les deux cas, ils ne jouent pas, ils sont, ils incarnent, c'est tout. De là vient leur crédibilité.

En attendant, pour accéder à la part intuitive de nous-mêmes et improviser, j'ai parmi mes références un livre que je trouve fort utile. Christophe Tournier a écrit un *Manuel d'improvisation théâtrale*[1]. Il y recense, entre autres, les grands principes qui nous permettent de sortir du cadre.

1. Christophe Tournier, *Manuel d'improvisation théâtrale*, L'Eau vive, 2006.

Le premier d'entre eux est : *Accepte !* Accepte la situation telle qu'elle est. Accepte le fait que tu sois ici et maintenant, et pas ailleurs, indépendamment du fait que cela te plaise ou non. Accepte aussi de ne jamais dire *Non*. Dis *Oui*, et ajoutes-y quelque chose.

Par exemple, au cours de votre intervention à l'oral, un incident technique intervient et ne permet plus de projeter les images que vous aviez préparées. Tout pourrait s'arrêter, et vous seriez alors dépendant du bon vouloir de la technologie pour reprendre le fil de votre présentation. En matière d'impact, on peut mieux faire ! Le principe *Accepte !* nous suggère que, pour l'instant, c'est comme ça, et que la question à se poser devient : *Qu'est-ce que je fais de cette situation ?*

Tout cela se passe très vite. Il faut sortir de l'impasse et agir.

Ce principe est hautement utile. Que d'énergie à refaire cent fois le match dans notre tête ! *Si j'avais eu plus de temps ou plus d'informations, j'aurais pu faire telle ou telle chose !* Certes, mais la réalité est tout autre. Tu as dû préparer en deux jours une présentation importante, tu n'as pas toutes les données : il va falloir faire avec.

Un deuxième principe fondamental est d'ailleurs la préparation. Nous l'avons abordé lors de la seconde partie du livre. Oui, il faut avoir tout prévu, comme un vrai professionnel, pour être en mesure de s'écarter du cadre le moment venu. Préparer le contenu de ce que l'on va dire et se préparer soi-même physiquement et psychiquement. L'improvisation n'est pas l'esbroufe ! Mais quand les contraintes sont fortes, nous n'avons plus qu'à faire au mieux, et non pas en fonction de notre idéal personnel.

Un troisième principe se résumerait par : *Percute !* c'est-à-dire : *Ne sois pas dans l'anticipation, mais dans le moment présent.*

Dans les interventions en public, le drame est souvent lié au fait que l'orateur a une certaine pensée décalée. Il pense à ce qu'il va dire juste avant de le dire. Il n'est donc plus avec son auditoire. Percuter nécessite d'habiter pleinement l'instant présent, l'unique temps de la rencontre. Parfois, cette pensée décalée est liée à une peur, alors l'antidote est le principe : *Ose !* Tu as le droit de prendre des risques, d'oser une parole, un geste, un déplacement, ou même une mimique qui sortent de l'ordinaire.

Expérimente, va de l'avant, et n'aie pas peur d'y trouver du plaisir et de savourer ce moment. Car l'audace est à mes yeux inséparable de la passion et de l'amusement. Lorsque vous êtes audacieux, vous dégagez un surcroît d'être et d'énergie revigorante.

Prépare !

Accepte !

Percute !

Ose !

Je retiens, pour ma part, ces quatre injonctions. Souvent, chacun de nous en a naturellement une majeure et une mineure.

Certains sont très bons pour préparer, même trop, et n'osent pas assez se lancer dans l'interaction avec le public, si bien que le discours est soigné, récité, mais ne touche pas vraiment, n'impacte pas.

D'autres ont, au contraire, un bagou naturel, mais ils égarent leurs interlocuteurs avec des formules et des rebonds d'idées permanents, si bien que l'objectif est perdu de vue.

Revenons au film. À partir du mot *Espoir*, Chaplin a su entrer en lui-même et y puiser les ressources pour livrer ce qui lui tient vraiment à cœur.

Si vous deviez pitcher sur votre activité présente ou à venir, à partir de quel mot votre inspiration commencerait-elle à jaillir ?

Reprenez nos quatre mots clefs, préparez votre texte en amont (nous verrons cela lors de l'exercice) et tout ce dont vous avez besoin pour vous lancer ensuite dans votre pitch.

Maintenant, entrez en scène et prenez vraiment votre place devant votre public. Vous êtes connecté à vous-même et à ce que vous portez d'unique (les trois essentiels de la partie I), vous avez préparé votre intervention (partie II), et vous adoptez une posture verticale au service d'une cause qui vous anime. Vous êtes connecté par le regard avec le public – pas un public fantasmé, mais celui qui est réellement présent devant vous et que vous décidez d'aimer pour en révéler la part d'humanité. Alors, vous commencez à parler en prenant conscience que votre voix et ses harmoniques iront toucher la sensibilité de l'auditoire. Tout en gardant cette posture dans l'action, vous accédez à une autre forme d'intelligence, plus intuitive et plus riche.

Prépare ! Accepte ! Percute ! Ose !

Tout le reste se mettra naturellement en place. Le reste ? Oui, vos déplacements, vos gestes, vos mimiques et vos mots.

Tout ce qui peut arriver deviendra une occasion de vous révéler davantage, de dire et de faire ce que vous n'avez pas imaginé au départ.

Vous êtes en train de changer le cours de l'histoire, la vôtre, et celle de ceux auprès de qui vous intervenez.

Ce que vous portez au fond de vous, depuis si longtemps, trouve enfin une résonance. Vous êtes acteur, cocréateur du monde qui vous entoure.

Vous êtes heureux et vous êtes contagieux.

Espoir…

EXERCICE

Dans l'extrait, Charlie Chaplin nous livre son manifeste, la cause à laquelle il tient le plus. Il la proclame avec le cœur et sans artifices. Il ne fait pas *comme si*, mais s'engage dans sa parole. Son crédo est simple : non à l'esclavage et oui à la liberté.

Maintenant, à vous d'écrire le vôtre. Quel est votre *Non* et quel est votre *Oui* ?

Pour vous aider, vous pouvez l'énoncer à haute voix et vous enregistrer même plusieurs fois, jusqu'à ce que les mots sortent de façon ajustée.

L'amorce des premiers mots est importante. Souvenez-vous de Martin Luther King : *I have a dream...* Il donne à entrevoir son *Oui*, ce qu'il veut voir advenir.

Chaplin commence par : *Je suis désolé, mais je ne veux pas être empereur...* Il annonce d'abord un refus avant de développer sa vision positive.

À vous de voir ce qui résonne le plus chez vous. Osez laisser les images venir à vous, osez rêver, osez laisser résonner ce qui vous anime réellement. Le monde attend votre voix.

....

....

....

....

....

I DID IT MY WAY...

La chanson *Comme d'habitude* a une place à part dans l'univers musical, ne serait-ce que par la renommée mondiale qu'elle a connue et l'engouement qu'elle suscite encore.

Mais, si j'en parle à présent, c'est pour attirer l'attention sur une ultime précision à donner à notre propos.

Commençons par le début.

Le chanteur Claude François[1] nous raconte la création de cette chanson originale en 1967.

> *Comme d'habitude, pour moi, c'est plus qu'une chanson, je vais vous dire pourquoi : nous étions au bord de ma petite rivière, en train de jouer un peu de guitare avec le compositeur Jacques Revaux, et un auteur qui s'appelle Gilles Thibaut. Nous étions tous les trois tranquillement dans notre retraite, là-bas à Dannemois, sous les saules pleureurs, et puis moi j'étais assez malheureux ; j'avais vécu trois ans avec une fille et elle m'avait quitté quelques semaines plus tôt. J'avais en tête le départ d'un couplet d'une chanson entière que m'avait donné Jacques Revaux, mais dont je n'aimais que ce départ et il me dit : « Bon sang ! Il se passe quelque chose !... Je sens qu'il faudrait la faire ! » Moi, j'étais dans mon désarroi amoureux ; je ne l'écoutais pas. Alors il ajouta : « Écoute, je vais te reprendre le couplet et regardons où on peut aller*

1. Claude François, *Je soussigné...*, Albin Michel, 2007, p. 116-117.

après... » Il me reprend le couplet et arrivé à la fin de celui-ci, que j'avais repris moi en septième (c'est-à-dire que j'avais prolongé d'une longueur de plus), il me dit : « Voilà, on va travailler sur ce passage. » Je répondis : « Non, à ce passage, il ne se passe rien du tout, il faut monter, il faut une émotion absolue. » Il reprit : « Tu as une envolée de violons et soudain on replonge, qu'est-ce que tu envisages ? Je crois qu'il faudrait faire cela », et je chantonnai tout le ton sans savoir ce que c'était, sans instrument ; mais juste comme ça... Il me dit : « Mais c'est fantastique, alors on va faire ça. – Mais quoi ça ? – Mais ce que tu viens de faire. – Mais je ne m'en souviens plus, je l'ai sorti comme ça. » Et l'auteur, qui était tout calme à côté (celui qui écrivait le texte), dit : « Mais tu viens de chanter ça », et il rechanta le ton que je venais de faire. C'est vous dire à quel point le procédé était inhabituel... Rien à voir avec une composition technique. Nous nous étions bien installés sur une suite harmonique en décidant : « Il va falloir mettre telle mélodie », etc. Et puis ce fut un cri du cœur qui est sorti parce que j'étais vraiment désespéré.

Quand j'ai enregistré le disque, j'ai chanté avec cette espèce d'agressivité que l'on peut avoir lorsque l'on est révolté contre le sort... Contre le fait que l'on puisse souffrir autant. J'ai chanté une fois, puis après je suis allé en cabine ; tout le monde était là. J'ai dit alors : « Bon, on prend sur la deuxième prise. » (Parce que l'on fait en général trois, quatre prises et on en choisit une.) La réponse fut unanime : « Non, surtout ne rechante plus, c'est exactement comme ça que l'on va le garder, sans rien changer de la chanson. »

Quelque temps plus tard, Paul Anka[1], un auteur-compositeur et interprète canadien, de passage à Paris, entend la chanson à la télévision. Il est immédiatement séduit par la mélodie et rachète les droits pour l'Amérique.

---

1. *Tout le monde en parle*, émission québécoise – Invité : Paul Anka (2013), YouTube : https://www.youtube.com/watch?v=xaoH54PqJfM

Puis, un jour, Frank Sinatra lui glisse à l'oreille qu'il quittera bientôt le show-business et lui laisse entendre qu'il regrette que Paul ne lui ait jamais écrit une chanson.

De retour chez lui, Paul Anka s'exécute. Reprenant la musique de *Comme d'habitude*, il se met dans la peau de Sinatra, le crooner sur le départ, et se pose la question : *Que dirait-il à ce stade de sa carrière ?*

Il écrit, en commençant par la métaphore : *And now, the end is near, and so I face the final curtain. (Voilà que la fin s'approche et que je fais face au rideau final.)*

Les mots lui viennent et il adapte la chanson au style et à la personnalité de Sinatra.

Comme Claude François, qui avait eu ce cri du cœur à l'origine de son intuition musicale, Paul Anka a recherché chez Sinatra ce qu'il avait vraiment au fond des tripes.

Le résultat ne se fait pas attendre. La chanson, dans ses deux versions, touche un large public à travers le monde.

Les auditeurs n'adhèrent pas seulement au contenu des chansons, puisque l'histoire n'est pas la même dans les deux cas : ils adhèrent aussi à ce cri authentique, incarné de manière particulière par les deux chanteurs.

Alors, quelle que soit l'histoire dont vous êtes l'acteur, que vous soyez à la tête d'une multinationale, ministre, manager, ou simplement avec des amis ou avec vos enfants, il est temps de fendre l'armure. Votre auditoire attend de vous une parole authentique.

Il est des mots qu'on regrette de ne pas avoir entendus, et d'autres que l'on n'a pas su dire.

Sur les premiers, nous n'avons que peu de prise, et nous passons parfois des années à tenter de guérir d'absence de mots.

En revanche, sur les seconds, nous pouvons agir. Et maintenant.

Nous pouvons incarner et prononcer la parole qui change tout.

Une parole sincère et vraie, enracinée dans notre histoire, notre singularité.

Une parole qui peut tout changer.

ÉPILOGUE

Les neuf essentiels que nous avons définis forment un parcours qui, si on le réalise, est une aide précieuse pour trouver notre voie et donner de la voix.

Ce cheminement peut d'ailleurs se faire dans les deux sens :

Certains, dotés de talents oratoires naturels, sont plus attirés par la clarification de leur singularité intérieure. Qu'ils soient en transition professionnelle ou en prise de poste, ils cherchent une meilleure connaissance d'eux-mêmes, une ancre à laquelle s'amarrer pour tenir bon dans les tempêtes et être plus épanouis dans leur métier.

D'autres, au contraire, sont en quête d'une parole qui impacte davantage, et découvrent peu à peu que cela nécessite d'aller plus loin que quelques trucs et astuces pour briller à l'oral.

Dans tous les cas, ils pressentent que l'on est plus heureux en étant aligné, c'est-à-dire en étant vraiment soi.

Ce chemin peut être rapide ou plus long, cela dépend de chacun, mais la manière d'avancer est, selon moi, toujours semblable.

À un passant, qui demandait à Michel-Ange, en train de sculpter, ce qu'il faisait réellement, le célèbre artiste de la Renaissance aurait répondu :

Je dégage de la pierre la statue qui s'y trouvait déjà.

Voilà comment s'effectue le chemin à mes yeux.

Ne rien ajouter, mais ôter les interférences et révéler l'essentiel.

Cet esprit d'enfance qui sommeille en nous.

BIBLIOGRAPHIE

ANDRÉ Stéphane, *Le secret des orateurs. Politique, média et entreprise*, Stratégies, 2002.

BALMAIN Patrick Thias, *Comment se libérer du vertige*, éditions Le Souffle d'Or, 2009.

BOUQUET Michel, *Servir. La vocation de l'acteur. Entretiens avec Gabriel Dufay*, Archimbaud / Klincksieck, 2017.

BUZAN Tony, *Développez votre intelligence avec le mind mapping. Mémorisation, créativité, communication. La méthode révolutionnaire pour booster vos capacités*, Edition Alisio, 2018.

CICÉRON, Œuvres complètes avec la traduction en français, tome 2, sous la direction de M. Nisard, chez Firmin Didot frères, fils et Cie, libraires, 1869.

CSÍKSZENTMIHÁLYI Mihály, *Vivre. La psychologie du bonheur*, Robert Laffont, 2004.

FRANÇOIS Claude, *Je soussigné...*, Albin Michel, 2007.

GABILLLIET Philippe, *Éloge de la chance. Apprendre à saisir les opportunités de la vie*, Ed. J'ai lu, coll. Bien- être, 2016.

GALLWEY Timothy, *Golf. Le jeu intérieur. Traduit et adapté par A.-J. Lafaurie*, Robert Laffont, 1984.

HUGO Victor, *Choses vues (1887-1900)*, Gallimard, 2002

La FONTAINE Jean DE, *Fable Le Laboureur et ses enfants*, Livre V, fable 9, 1668.

LUTHER KING Martin, *Autobiographie. Textes réunis par Clayborne Carson*, Bayard, 2000.

MERTON Thomas, *Nul n'est une île*, Points, 1993

MILLER Alice, *Le drame de l'enfant doué. À la recherche du vrai soi*, Presses universitaires de France, 1983.

OUGHOURLIAN Jean-Michel, *Notre troisième cerveau. La nouvelle révolution psychologique*, Albin Michel, coll. Espaces libres, 2020.

PEACOCK Fletcher, *Arrosez les fleurs, pas les mauvaises herbes ! Une stratégie qui révolutionne les relations professionnelles, amoureuses et familiales*, les Éditions de l'Homme, 2007.

PLUCHET Blandine, *La physique quantique pour les nuls en 50 notions clés. L'essentiel pour tout comprendre*, First Éditions, 2018.

SCHUTZ Will, *L'élément humain. Comprendre le lien entre estime de soi, confiance et performance*, InterÉditions, 2006.

TALEB Nassim Nicholas, *Jouer sa peau. Asymétries cachées dans la vie quotidienne*, Les Belles Lettres, 2022.

TOURNIER Christophe, *Manuel d'improvisation théâtrale*, L'Eau vive, 2006.

VIDAL Jean-Christophe, *La Clarification pour les coachs et les managers. Ce sont les non-dits qui maintiennent les problèmes*, Eyrolles, 2022.

VIRET Raymonde, *Trouvez votre voix ! Bien respirer. Chanter librement. Parler sans s'épuiser. Comprendre ce que votre voix révèle*, Ed. Albin Michel, 2017.

WARE Bronnie, *Les 5 regrets des personnes en fin de vie*, Guy Trédaniel éditeur, 2013.

FILMS CITÉS

- *The Truman Show*, Peter Weir, 1998
- *La Légende de Bagger Vance*, Robert Redford, 2000
- *Billy Elliot*, Stephen Daldry, 2000
- *Les Chariots de feu*, Hugh Hudson, 1981
- *Le Discours d'un roi*, Tom Hooper, 2010
- *La vie est belle*, Roberto Benigni, 1997
- *Slumdog Millionaire*, Danny Boyle, 2008
- *Il était une fois dans l'Ouest*, Sergio Leone, 1968
- *Le Maître de musique*, Gérard Corbiau, 1988
- *Le Dictateur*, Charlie Chaplin, 1940

REMERCIEMENTS

Merci à mon fils, bien sûr, à qui j'ai dédié ce livre, et qui, par son esprit d'enfance, me montre sans cesse le chemin à parcourir.

Merci aux figures inspirantes qui ont peuplé mon parcours et qui façonnent à présent ma pratique.

Enfin, merci à mes mentors. Ils se reconnaîtront.

TABLE DES MATIÈRES

RESTONS EN LIEN

MICHELANGELO

/ *révéler l'essentiel*

https://www.michelangelo-conseil.com

pcacmb
édition pré-presse
livres numériques

44400 Rezé

Imprimé en Turquie
par TypoLibris - N° 24020520

Dépôts légal : premier trimestre 2024

Diffusion, distribution :
France, Belgique : DILISCO
Suisse : OLF
Canada (Québec) : SOMABEC